뉴노멀 디지털
트랜스포메이션

비즈니스 성공 실패 사례로 알아보는 디지털 전환 실용서

NEW NORMAL
DIGITAL TRANSFORMATION

뉴노멀 디지털
트랜스포메이션

비즈니스 성공 실패 사례로 알아보는 디지털 전환 실용서

강태욱 저

★★★★★
인공지능부터
디지털
트윈까지

★★★★★
메타버스,
미래가 아닌
현실이다!

★★★★★
넥스트 노멀
디지털 전환
실전 가이드

씨
아이
알

디지털 세계,
이상한 나라의 앨리스

다가올 미래는 인류가 생물학적 DNA로만 발전하는 세상이 아닌 디지털 DNA(Data, Network, AI)로 생존하는 세계가 된다.

우리는 학교에서 역사를 통해 종의 멸종에 관한 교훈을 배웠다. 인류가 지금까지 생존하고 있는 이유는 환경 변화를 인정하고 빠르게 적응, 진화했기 때문이다. 빙하기까지 거슬러 올라갈 필요 없이 산업혁명시대의 변화된 환경에 적응하지 못한 사람들이 어떤 상황에 처했었는지 되돌아보면 쉽게 알 수 있다. 지금 우리 앞에 다가온 인공지능, 디지털 트랜스포메이션, 디지털 트윈, 메타버스는 뉴노멀 시대 강제화된 시대적 요구가 되었다. 급격히 다가오고 있는 디지털 전환(디지털 트랜스포메이션. Digital Transformation) 요구는 우리에게 산업혁명시대보다 더 큰 환경 변화를 불러일으킨다.

우리는 역사를 통해 급격한 환경 변화에 적응하지 못해 멸종한 종과 환경에 잘 적응한 종의 결과를 알고 있다. 인류는 지금까지 환경이 변화할 때마다 DNA를 환경에 맞게 발전시키면서 모든 종의 최상위 종이 되었다. 지금까지는 자연 환경의 변화, 산업 변화, 사회 변화에 적응하는 것이 중요했지만, 앞으로는 디지털 환경 변화에 적응하는 것이 훨씬 중요하다.

> 현재 우리는 디지털로의 급격한 환경 변화를 경험하고 있다. COVID-19 대유행으로 인한 경제, 사회, 산업, 문화가 온라인 속 디지털로 가속화되었다.

변화의 시대는 성장할 수 있는 좋은 기회가 될 수 있다. 디지털화된 경제에 속하는 사람들은 큰 영향력과 부를 얻고 있다. 반면, 그렇지 못한 사람들은 사회적, 경제적으로 더욱 크게 뒤처지고 있다. 인류 진화의 역사에서 도구를 가진 종족과 그렇지 않은 종족이 어떻게 되었는지를 되돌아보면 디지털 도구가 생존에 얼마나 중요한 것인지 이해될 것이다. 디지털 도구를 가진 사람들은 기술 플랫폼에 내재된 레버리지를 이용해 더 많은 부를 축적한다.

현재 디지털 세상은 과거 우리가 아날로그 환경에 둘러싸여 살았던 것보다 훨씬 복잡하고 이해하기 어려운 경향이 있다. 이상한 나라의 앨리스처럼 어느 날 잠에서 깨어나 보니 새로운 세상이 펼쳐져 있는 것처럼 모든 것이 이해하기 힘들 수 있다. 디지털 세계의 앨리스는 모든 관심, 행동, 소통하기, 먹고 사는 것이 인터넷과 연결된 세상에 살고 있다.

디지털 세상의 앨리스(David Adam Jones, 2020)

앨리스는 디지털 세상에서 현실보다 더 편리한 생활을 누린다. 스마트폰으로 아침 알람을 받고, 디지털화된 냉장고에서 알려준 식재료로 요리를 한다. 쿠킹 머신이 만들어준 요리는 인터넷에서 디지털화된 레시피를 다운로드하여 신체의 컨디션을 높여줄 재료와 요리 방법을 알려준다. 3차원으로 가상화된 디지털 세계에서 친구들과 콘텐츠를 공유하고 일을 하며 수익을 얻는다.

2000년대 초반만 하더라도 이런 상상을 하는 게 쉽지 않았다. 하지만 지금은 현실이 되었다. 사물 인터넷과 인공지능이 가전기기 곳곳에 설치되어 자신이 해야 할 일을 스마트하게 해낸다. 로봇 청소기는 알

가상과 현실이 중첩된 디지털 세계

아서 더러운 곳을 청소하고, 스마트 홈은 사람이 쾌적한 환경에서 생활할 수 있도록 적절한 시점에 따뜻하거나 시원한 공기를 제공한다. 공간과 시간에 구애받지 않고 원격으로 집에서 일을 하며, 생활에 필요한 모든 것을 전자 상거래로 주문, 배달 받는다. 장거리 여행 시에는 무인 자율 자동차가 대신 운전한다.

직원들은 온라인으로 회의하거나 콘텐츠를 공유한다. 반복적인 업무는 인공지능으로 자동화되어 사람은 좀 더 창의적인 일을 하게 된다. 디지털 트윈, 메타버스로 통하는 포털은 이 모든 것을 가상현실에서 가능하게 한다.

이제 인류는 디지털 도구로 한 단계 더 도약하고 있다. 디지털 도구는 진화를 위한 DNA로 여겨질 것이다. 이제 우리는 세상을 통째로 디지털 세계에 복제하려 한다. 많은 사람들이 영화 〈매트릭스〉처럼 디지털 세상, 또 다른 지구 속에서 시공간에 제약받지 않는 삶을 살고 싶어 한다. 언택트 뉴노멀 시대는 우리에게 물리적 세계와 디지털 세계를 연결하도록 강한 압력을 주고 있다.

> 앨리스가 사는 나라는 가상과 현실을 구분하지 않는다. 여기서 일을 하고, 돈을 벌어 쇼핑을 할 수 있으며, 경치 좋은 곳에 부동산을 구입하고, 게임을 하며 휴가를 즐길 수 있다. 앨리스가 상상하는 미래 디지털 세상은 이미 코앞에 다가와 있다.

이 책은 비즈니스 전략과 기술 관점에서 디지털 전환 개념, 역사, 비즈니스 로드맵과 전략, 솔루션, 다양한 사례들을 설명한다. 또한 디지털 전환 시대 생존을 위한 도구, 전략, 사례 및 개발 방법을 포함한다. 기업 전반의 비즈니스 프로세스를 디지털화하여 시장 가치를 획득하는 것은 디지털 전환 전략의 핵심이다. 이와 관련해 실무에 도움이 되는 다양한 성공 및 실패 사례를 다룬다. 이 책은 단순히 개념과 활용 사례의 나열에만 그치지 않는다. 무대 뒤에서 연출하는 방식을 엿볼 수 있으면 기술에 대한 깊은 이해가 가능하고 좀 더 발전적인 솔루션이 가능하다. 디지털 전환 무대 뒤를 자세히 보고 싶은 독자를 위해, 이 책은 부록에 '따라하기' 과정과 기술 구현 예시를 제공한다.

최근 전 세계 모든 산업 분야에서 뉴노멀(new normal)로 인한 디지털 전환 요구가 더욱 거세지고 있다. 이와 더불어 디지털 트윈, 메타버스와 같은 개념을 실제로 구현하기 위한 기업들의 투자도 급증하고 있다.

이 책은 언택트 뉴노멀로 인해 강제화된 디지털 전환과 그로 인한 비즈니스 환경 변화를 이야기한다. 이 변화는 우리가 생각하는 것 이상으로 많은 곳에 큰 영향을 주고 있다. 이 책은 이런 디지털 전환 시대에 우리가 생존하고 미래로 나아가는 데 필요한 전략과 도구를 다양한 사례와 함께 살펴본다.

이 책은 디지털 전환의 개념, 비즈니스 성공 및 실패 사례, 비즈니스 모델 프레임워크와 로드맵, 디지털 전환 기술 및 도구들, 활용 사례 및 스타트업, 프로세스 템플릿, 오픈소스 및 표준 등을 소개한 후 실무에 도움이 되는 다양한 기술 활용 사례를 다룬다. 단순히 기술 개념과 활용 사례의 나열에만 그치지 않는다. 무대 뒤에서 연출하는 방식을 엿볼 수 있으면 기술에 대한 깊은 이해가 가능하고, 좀 더 발전적인 솔

엔지니어링 다이제스트 방송 페이스북(www.facebook.com/groups/digestpodcast)

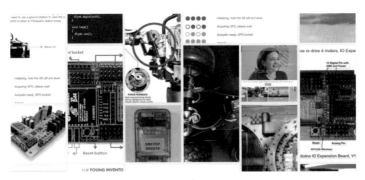

메이크 블로그(daddynkidsmakers.blogspot.kr)

루션이 가능하기 때문에 디지털 전환에 대한 원리와 한계점을 함께 다
룬다.

책은 웹처럼 퍼져 있는 지식을 하나의 관점으로 모으고 정리해 지
식을 전달하는 매체이다. 그러므로 처음부터 끝까지 하나의 완결된 구
조를 가진다. 하지만 열린 지식으로서 변화를 수용하고 진화해 나가
는 데는 한계가 있다. 이 책에서 설명한 내용은 물론 디지털 전환, 디
지털 트윈 등 산업계에서 진화되고 있는 내용까지 블로그와 팟캐스트

(Podcast)를 통해 지속적으로 공유하고 있으니 참고하시길 바란다.

메이크 블로그(daddynkidsmakers.blogspot.kr)는 디지털 전환과 관련된 도구 사용 방법과 구체적인 개발 방법들을 다루고 있으며 실제 관련 기술 개발과 관련된 내용을 자세히 정리해 놓은 곳이다.

팟캐스트는 디지털 트윈, 메타버스와 같이 화학적 융합이 활발한 컴퓨터 그래픽스, 소프트웨어 공학의 핵심적인 부분을 요약해 설명하는 방송이다. 디지털 전환은 이미 거대한 시장을 만들어가고 있다. 이와 관련된 자세한 내용은 이 책의 레퍼런스를 참고하시길 바란다.

Contents

Part. 01

뉴노멀 디지털 전환
성공과 실패

New Normal Digital Transformation

01

뉴노멀로 강제된
디지털 환경

불과 얼마 전까지만 해도 디지털 혁신 회의론자들은 디지털 전환을 의심의 눈초리로 바라보았다. 하지만 COVID-19로 인해 많은 기업과 조직은 디지털 이니셔티브(Digital Initiative)를 강제로 시작해야 했고, 전체 비즈니스 모델은 유례없는 짧은 시간 동안 디지털로 재편되고 있다.

많은 사람들이 COVID-19로 인해 오랜 기간 동안 강제적으로 물리적 접촉을 할 수 없게 되었다. 곧이어 심각한 경제적 문제가 발생했다. 사람들은 어쩔 수 없이 온라인으로 일할 방법을 찾아야 했다. 의식주를 해결하기 위해 인터넷에서 쇼핑하고, 원격으로 교육받고, 정서적 만족을 위해 게임이나 넷플릭스를 구독했다. 모든 것은 예전에 경험해 보지 못했던 것이었다.

강제적으로 경험하게 된 디지털 도구들이 사람이 하는 몇몇 일들

사회적 거리두기(COVID-19, University of North Florida, Wikipedia)

을 대신해 효과적으로 수행했다. 사람들이 물리적으로 접촉해 일하고, 쇼핑하는 습관은 점차 온라인으로 바뀌었다. 뉴노멀(new normal)은 이런 모습으로 우리들에게 다가온 것이다.

이제 의심의 여지가 없다. 디지털 전환은 사회적 유행이 아니다. 우리가 영위하는 모든 활동에 필수적이 되었다. 많은 글로벌 기업에 컨설팅을 하고 있는 딜로이트(Deloitte) 그룹은 2021년에 전 세계 주요 8개국의 민간 부문 2,000명, 정부 부문 800명을 포함한 대규모 설문조사를 통해 디지털 전환에 대한 인식과 영향을 조사했다. 결과에 의하면, 응답자의 4분의 3이 COVID-19에 영향을 받아 디지털 전환에 관심이 크게 높아졌다고 말했다(Deloitte, 2021, How COVID-19 proved the importance of 'being' digital).

역사를 통틀어 새로운 기술은 기존 산업 관행을 파괴하고 비즈니스 방식을 보다 발전된 솔루션과 혁신적인 기술로 대체한다. 기업은 살아남기 위해 스스로 변화할 수밖에 없을 것이다.

기업의 디지털 혁신은 수십 년 동안 계속되어 왔다. 미니컴퓨터부터 PC(Personal Computer), 인터넷, 모바일, 클라우드 서비스, 그리고 지금은 인공지능(AI) 기반 컴퓨팅이 진행 중이다. 하지만 팬데믹 이후 디지털 혁신의 규모와 속도는 전례가 없는 것이다. 이는 모든 산업에 영구적인 변화를 남길 것이다.

새로운 디지털 기술은 프로세스 개선 그 이상이다. 소비자 행동, 고객 경험 및 조직에 근본적인 영향을 미친다. 디지털 기술은 신제품 서비스를 개발하고 고객의 요구를 이해해 새로운 시장을 발굴하는 데 있어 핵심 자산이다.

COVID-19는 디지털 혁신을 가속화하는 솔루션의 필요성을 제시함으로써 기존의 관행에 사로잡힌 기업들과 고객들에게 큰 충격을 주었다. 많은 사람들은 강제적으로 디지털 도구와 기술에 적응하도록 강요받았다. 정부가 시장 정상화를 위해 노력하고 있지만 COVID-19의 결과는 돌이킬 수 없는 변화를 주었다. 많은 기업들은 팬데믹의 빠른 속도와 변수를 해결하기가 어려웠다. 광범위한 검역, 여행 및 모임 제한은 예상치 못한 것이었다. 대유행은 이미 디지털 혁신에 투자한 기업과 그렇지 않은 기업 간의 명암을 드러냈다. 비즈니스 세계는 디지털 DNA를 보유한 기업과 그렇지 않은 기업의 명암을 선명하게 보여주고 있다.

COVID-19는 혁신을 촉발한 첫 번째 팬데믹은 아니다. 기원전 430년 아테네 전염병은 도시의 법을 재편성했다. 중세의 흑사병은 유럽에서 계급 간 힘의 균형을 변화시켰다. 19세기 콜레라는 런던 현대

고대 도시의 전염병 | 미힐 스위츠 | 17C 중반

하수도 인프라를 제공하기 위해 새로운 개념의 도시계획을 개발하는 단초를 제공했다. 2007년 글로벌 금융위기는 이 변화에 잘 적응한 9퍼센트의 기업만 번창하게 했다.

다음은 뉴노멀로 인해 변화한 것들이다.

첫째, 인력 집약적 산업은 생산성을 유지하기 위해 원격 작업 환경에 빠르게 적응해야 했다.

둘째, 고객은 매장에 접근하기 어려웠고, 제품 정보 문의, 구매를 위해 디지털 채널로 전환해야 했다.

셋째, 사람들이 밀집된 장소에서 일하지 않고, 원격으로 근무하는 형태가 크게 환영받았다.

넷째, 혼자 있는 시간이 증가하면서 정서적 충전, 놀이문화를 체험하기 위한 서비스의 필요성이 크게 높아졌다. 예를 들어 게임, 온라인 영화 스트리밍 채널, 온라인 피트니스, 3D 부동산 가상 투어 등이 그것이다.

다섯째, 온라인 협업이 대세가 되면서 종이 서류 기반 사무는 디지털 프로세스로 강제되었다.

여섯째, 원격 근무로 도심의 오피스, 소비 공간을 소비하는 경향이 줄어들고, 온라인 공간에서 모든 것을 해결하려는 성향이 높아졌다.

일곱째, 건강, 웰빙에 대한 관심이 크게 높아졌다. 집 안에만 있는 상황이 지속되면서 정서적, 육체적 건강에 대한 문제가 많아졌고, 이를 해결하기 위한 수요가 높아졌다. 예를 들어 헬스케어 제품, 반려동물 용품, 원격진료 등의 서비스 구매가 많아졌다.

COVID-19 같은 글로벌 위기는 우리가 일하고 사는 습관과 사고방식에 직접적인 변화를 일으킨다. 이를 좀 더 자세히 살펴보자. 원격 회의가 큰 폭으로 증가했다. 원격 회의 플랫폼 줌(Zoom)은 COVID-19 발생 전 대비 트래픽이 800퍼센트 증가했고, 스카이프(Skype)는 304퍼센트, 마이크로소프트 팀즈(Microsoft Teams) 사용자는 70퍼센트 증가했다. 메시징 플랫폼은 큰 이익을 얻었고, 온라인 비디오 스트리밍도 넷플릭스 트래픽이 58퍼센트, 유튜브가 13퍼센트 증가하는 등 큰 폭으로 증가했다.

COVID-19 이전에는 많은 기업이 백오피스(Back office)를 아웃소싱해 비용을 절감하고자 했다. 하지만 COVID-19로 인해 인력을 많이 사용하는 아웃소싱 업체들을 사용할 수 없게 되었다. 대표적인 곳이 콜센터였다. 이런 문제는 디지털 셀프 서비스, 자동화된 인공 지능 챗봇(Chatbot)의 중요성이 높아지는 계기가 되었다. 오프라인 기반 고객 이탈이 증가하고, 시장 경쟁이 치열해짐에 따라 기업은 이 문제를 해결할 수 있는 디지털 기술과 고객 경험을 갈구하고 있다. 한마디로 물리적 서비스를 디지털 온라인으로 대체하거나 최소한의 물리적 접촉으로 서비스를 제공할 수 있는 방법을 모색하고 있다.

정부는 인공지능을 사용해 바이러스를 추적 예측하고, 제약 회사는 백신 개발을 위해 인공지능 기술을 사용한다. 로봇과 드론은 사람

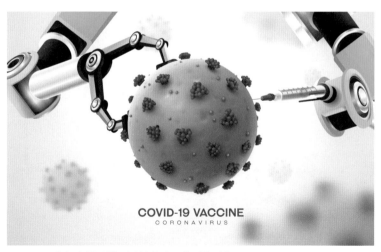

COVID-19 백신 개발을 위한 제약 분야 인공지능기술 사용

이 일하기 어려운 영역에 사용되는 사례가 많아졌다. 온라인 서비스에 적응하는 사람들을 위한 Go-To 배달 서비스가 크게 늘었다.

의료 제약 분야에서도 디지털 혁신이 가속화되었다. 의료 서비스는 인공지능을 사용해 빠른 의사결정을 내리기 시작했다. 예를 들어 방사선 전문의는 인공지능 딥 러닝(deep learning) 기술을 사용해 흉부 X선 사진에서 질병 패턴을 진단하고 있다. 의사가 원격으로 환자를 진료함에 따라 원격의료가 급격히 증가했다. 당뇨병 환자가 모바일 앱과 사물 인터넷 센서를 통해 혈당 수준을 모니터링할 수 있는 건강 관리 플랫폼이 증가했다.

피트니스 기업은 소셜 미디어와 앱으로 비즈니스를 계속 운영하고 가상수업 및 운동, 웰빙 정보 및 도구를 제공해 스트레스를 줄이는 서

팬데믹 상황의 홈 피트니스 시장의 성장

비스를 집에만 있는 사람들에게 제공하고 있다.

금융 산업은 모바일 뱅킹 앱, 비트코인 같은 가상화폐, 가상 은행원 및 챗봇 기능을 제공하기 위해 빠르게 움직였다. 이 과정에서 은행원 등 상주 직원이 최소한으로 줄어들 수 있음을 깨달았다. 은행지점이 문을 닫고 챗봇 같은 로봇이 24시간 연중무휴 빠르게 일부 금융 업무를 수행할 수 있음이 입증되고 있다. 챗봇은 고객의 개인화된 컨설팅을 제공할 수 있을 뿐만 아니라 금융 거래 정책 갱신, 환불 처리, 신용카드 한도 변경 같은 단순한 작업을 은행원 대신 수행할 수 있다.

세계적인 컨설팅업체 액센추어의 조사 보고서에 의하면, 은행이 제공하는 서비스의 80퍼센트는 인공지능으로 대체되고, 반복적인 서비스는 3년 내에 챗봇 같은 로봇 사용이 76퍼센트가 될 것으로 예상했다.(Accenture, 2020)

집에 갇혀 있는 사람들을 위한 스마트홈 비서 서비스에 대한 수요도 높아졌다. 아마존 알렉사 같은 인공지능 비서는 집의 조명, TV, 스피커를 사용자가 원하는 환경으로 제어한다. 한 단계 더 나아가 아마존은 스마트홈 서비스를 제공할 수 있는 기술을 개발하고 있다.

사람들이 집에 갇혀 있기 때문에 스트리밍 콘텐츠에 대한 수요가 급증했다. 팬데믹 기간 동안 라이브 공연, 스포츠, 시트콤 및 영화 산업은 크게 타격을 입었다. 온라인 엔터테인먼트, 스트리밍, e스포츠를 제공하는 회사는 큰 수익을 얻었고, 테마파크, 극장, 박물관 및 스포츠 경기장은 큰 손실을 기록했다.

소매업은 디지털 혁신의 영향을 크게 받았다. 전자 상거래와 온라

온라인 원격 교육 시장의 급격한 성장

인 쇼핑은 사람들이 제한 때문에 매장에 가지 않고도 상품을 구매할 수 있는 방법을 찾으면서 극적으로 증가했다.

교육은 COVID-19로 인해 학교에 가지 못하는 학생들을 위하여, 시급히 디지털 온라인 플랫폼을 도입해야 했다. 많은 교사들은 이와 관련된 교육을 받고, 급하게 COVID-19와의 전쟁에 투입되었다. 학생들은 집에서 집중하기 어려운 온라인 수업을 따라가며, 이 상황에 적응해야 했다.

COVID-19 뉴노멀 시대는 영구적인 생채기처럼 사람들의 행동과 습관을 변화시키고 있다. 이 기간 동안 익숙해진 디지털 인프라와 고객 경험은 기업들에 앞으로 큰 비즈니스 기회를 제공할 것이다.

02

역사를 통해 보는 미래

역사를 뒤돌아보면 새로운 도구는 기존 산업을 파괴하고, 비즈니스 방식을 변화시켜 왔다. 디지털은 시장 파괴적 도구이다. 디지털 기술의 발전은 일부 비즈니스에 있어서는 위협이지만, 시장의 리더가 될 수 있는 기회이기도 하다.

시장 파괴는 거의 모든 부문에서 발생하고 있다. 이에 영향을 받는 기업은 디지털 비즈니스로 진화해야 한다. 시장 파괴적인 디지털 기술은 의사결정에 영향을 미치고, 혁신적인 신제품을 개발하고, 고객 경험 및 시장 환경에 이르기까지 수많은 변화를 줄 수 있다. MIT 리뷰에 따르면 경영진의 87퍼센트가 디지털 기술이 업계와 시장을 혼란에 빠뜨릴 것이라고 응답했다. 하지만 그 강도가 얼마나 많은 영향을 미칠지 예측할 수 있는 사람은 거의 없다. 역사를 이해하면 미래를 예상할 수 있다. 다음 그림은 시장 파괴적인 디지털 비즈니스 혁신의 역사를 보여준다.

디지털 진화 역사(Bene Buest, 2018)

1930~1960년대 : 선구적인 디지털 전환

1930, 40년대로 올라가 보자. 알렉 리브스(Alec Reeves)는 디지털 오디오의 표준 형식이 된 펄스 코드 변조(Pulse-code modulation)를 개발했다. 이 기술은 아날로그를 디지털 데이터로 변환하는 데 기본이 된다. 그는 전기 동작 스위칭 회로 개발자인 클로드 섀넌(Claude Shannon)과 함께 디지털화의 첫 단추를 끼운다. 이후 얼마 되지 않아, 1941년 제2차 세계대전 중 군사 목적으로 사용된 컴퓨터 Z3가 베를린에서 세계 최초로 개발된다.

컴퓨터가 비즈니스 목적으로 처음 사용된 것은 1950년대 초반이었다. 제너럴 일렉트릭(General Electric)사의 가전 사업부는 제조 제어 프

최초의 범용 전자 디지털 컴퓨터 에니악(전자식 계산을 위해 1만 8,000여 개 진공관을 연결해 제작)

로그램을 개발하기 위해 세계 최초 상업용 컴퓨터인 유니박 1(UNIVAC 1) 컴퓨터를 사용했다. 이후, 무거운 진공관을 대신해 작고 저렴한 트랜지스터로 만들어진 컴퓨터가 사용되기 시작한다. 1955년 존 핸콕(John Hancock Mutual Life Insurance Co.)사는 200만 개의 생명보험 증권(600 MByte 크기)을 디지털화해 고객 정보를 관리했다. 1956년 유나이티드 항공(United Airlines)은 예약 시스템에 IBM 350 디스크 스토리지 장치를 사용했고, 매일 8만 4,000건의 전화 통화를 처리하고 항공편 예약을 저장했다.

1960년대에는 컴퓨팅 성능에 관한 이론인 무어의 법칙(Moore's Law)이 발표되고, 인터넷의 시초인 알파넷(ARPANET)이 사용된다. 2000년대 말까지는 다양한 산업이 디지털화의 영향을 받기 시작했다. 도서관에서는 MARC(Machine Readable Cataloging Records)를 사용하기 시작했고, AT&T Bell Labs의 CCD(Charge Coupled Device) 센서는 디지털 카메라 개발에 중요한 역할을 한다.

1970~1990년대 : 서류의 종말과 가정용 컴퓨터 도입, 산업별 디지털화의 시작

1972년 미국 해밀턴사는 최초의 전자식 디지털 시계인 펄서(Pulsar)를 발표한다. 3년 후 1975년 스티븐 새슨(Steven Sasson)은 이스트맨 코닥(Eastman Kodak)에서 최초의 디지털 카메라를 선보였다.

이 시기 은행 업계도 디지털 파괴자의 영향을 목격한다. 바클레이

코닥이 개발한 최초의 디지털 카메라(Kodak, 1975)

뱅크(Barclay's Bank)가 1960년대 후반 영국에서 최초의 ATM(현금자동입출금기)을 사용한다. 씨티뱅크(Citibank)는 10년 후 뉴욕시 전역에 ATM을 설치하기 위해 1억 달러를 투자했다. ATM 사용은 20퍼센트 증가했고, 씨티뱅크는 은행에서 디지털 혁신의 아이콘이 되었다.

1970년대 후반, 개인용 컴퓨터가 등장했고 PC를 소유한 가구는 향후 20년 동안 놀라운 속도로 증가했다. 그 후 애플(Apple) 맥킨토시, 전자 메일, MS-DOS 및 Windows 1.0(1981년) 제품이 크게 사용되었다.

스페이스 인베이더스(Space Invaders) 같은 비디오 게임도 시장에 선보였다. 1982년에 제작된 첫 번째 CD는 쇼팽 왈츠 음악이었다. 1988년까지 CD는 레코드보다 더 많이 팔렸다. 기업 회계, 구매 등 사무 분야에도 디지털 혁신이 일어났다. SAP 및 오라클(Oracle)사가 개발한 소프트웨어 도입으로 아날로그 기록에서 디지털 데이터로 전환되기 시작되었다.

세계 최초로 개발된 Barclay's Bank의 ATM(1967) 이후 가속화되고 있는 은행업무 자동화

애플(Apple) 초기 개인용 컴퓨터 Apple IIe(1983)

1990~2000년 : 인터넷을 통한 연결

미국 케이블 TV 및 위성 통신 장비 제조업체인 제너럴 인스투르먼트(General Instruments)는 디지털 HDTV 신호를 성공적으로 개발했다. 월드컵은 최초 디지털 HDTV 방송이 되었다. 1998년까지 디지털 텔레비전 전송은 영국과 미국에서 아날로그 텔레비전 방송을 대체한다.

1990년대 초반은 인터넷 기술 개발에 가속도가 붙고 있었다. 알파넷(ARPANET)의 도입 이후 World Wide Web, HTML HTTP(Hypertext Transfer Protocol) 기술이 개발되어 인터넷에서 문서, 그림, 하이퍼링크를 표현할 수 있게 되자, 이를 사용하는 사람들이 많아지기 시작한다.

1991년에 핀란드에서 최초 2G 셀룰러 네트워크가 출시되고, 디지털 휴대폰이 상업적으로 판매된다. 2G 기술은 휴대폰과 기지국 사이

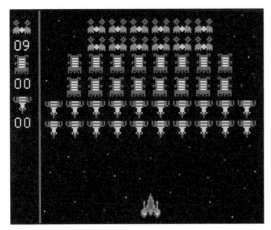

세계 최초의 슈팅게임 '스페이스 인베이더'(1978) 이후 폭발적으로
성장하고 있는 게임산업

에 아날로그 대신 디지털 신호를 사용해 디지털 암호화된 문자 메시지
(SMS) 같은 데이터 서비스를 제공했다.

1992년 팀 버너스 리(Tim Berners-Lee)경은 세른(CERN)의 동료와 함
께 웹(Web) 개념을 구현한다. 그들은 웹 프로토콜과 코드를 오픈소스
(Open Source)로 공개한다. 1993년 GNN(Global Network Navigator)은 최
초의 상업용 웹 출판물을 출시했으며 오라일리 디지털 미디어(O'Reilly
Digital Media)는 클릭 가능한 광고를 제공하는 웹사이트를 출시한다.

1993년 케임브리지 대학 컴퓨터 연구소는 커피포트를 모니터링하
는 최초의 웹캠을 개발해 전 세계 사람들을 시각적으로 연결했다.

1994년 피자헛은 페퍼로니 치즈 피자를 온라인 주문 가능하게 했
다. 같은 해에 아마존(Amazon)이 설립되어 전자 상거래 기반을 마련한
야후(Yahoo!)는 클릭 가능한 광고를 도입한다.

영화 산업도 디지털 혁신을 피해갈 수 없었다. 1995년 노르웨이 방송 공사(NRK)는 세계 최초 디지털 오디오 방송(DAB) 채널을 시작했다. 〈트론〉(Tron, 1982), 〈어비스〉(The Abyss, 1989), 〈터미네이터 2〉(Terminator 2, 1991) 및 〈쥬라기 공원〉(Jurassic Park, 1993)과 같은 영화에서 CGI(Computer Generated Imagery. 컴퓨터 생성 이미지) 기술이 사용되고, 디즈니(Disney)와 픽사(Pixar Animation)는 최초의 100퍼센트 CGI 영화인 〈토이 스토리〉를 1995년에 발표한다.

월스트리트 투자자들은 인터넷 기업의 중요성에 주목하기 시작했다. 1995년 넷스케이프의 주가는 거래 첫날 급등했고, 닷컴(.com) 버블이 시작된다. 페이팔(PayPal)은 디지털 전자 결제 시스템을 개발했고, 구글(Google)은 검색 결과의 우선순위를 계산하는 페이지 랭크(PageRanks) 알고리즘을 개발해 사업을 시작한다. 이후 구글은 인터넷 검색 시장을 통일하고 나스닥에 상장했다. 1997년 넷플릭스(Netflix)는 최초의 온라인 DVD 대여 매장으로 시작해 엔터테인먼트 시장에 큰 충격을 주었다. 1998년에는 아날로그 카메라가 디지털 카메라로 대체된다.

2000~2010년 : 대중화된 디지털, 플랫폼 기업 영역의 확장

2000년대는 디지털 기술과 도구 활용에 실패한 기업은 사라지고 생존한 기업이 시장에서 더 큰 파이를 차지하기 시작한다. 디지털 세

iPod 출시(Apple, Newsweek)

계는 소비자가 시간을 보내는 방식을 변화시켰다. iPod과 같은 MP3 플레이어, 엔터테인먼트 콘텐츠를 다운로드할 수 있는 디지털 채널이 만들어진다. 2005년 유튜브(YouTube)의 탄생은 사람들이 동영상을 공유하고 문화를 소비하는 방식을 극적으로 변화시킨다. 2007년 애플의 아이폰 출시는 손안에 든 컴퓨터로 디지털 비즈니스 혁명을 일으킨다. 아이폰은 스마트폰이라는 개념을 우리 생활 속으로 가져왔으며, 페이스북(Facebook)과 같은 거대 글로벌 디지털 기업이 탄생하는 배경이 된다.

2001년 위키피디아(Wikipedia)의 출시는 전통적인 학술 지식 영역에도 디지털의 시장 파괴적 혁신이 가능함을 보여준다. 브리태니커 백

과사전(Encyclopedia Britannic)은 결국 종이 인쇄를 중단하고 구독 웹사이트 개발에 집중한다. 익스피디아(Expedia)는 소비자의 여행 방식을 변화시킨다. 2003년 스카이프(Skype)는 음성 통화의 새로운 표준을 확립한다. 2002년 카나 숀버거(Chana Schoenberger)와 브루스 업빈(Bruce Upbin)은 사물 인터넷(IoT, Internet of Things) 기술을 발표한다.

2003년, 미국에서 전자결제가 처음으로 현금과 수표 사용을 능가했다. 금융기관은 원본 수표의 디지털 버전을 법적으로 허용했다. 이 기간 동안 소셜 미디어가 시작된다. 페이스북, 링크드인(LinkedIn), 위터(Twitter)의 탄생은 사람들의 취미, 콘텐츠, 연락처를 공유하는 방식을 변화시킨다. 이는 타깃(Target) 광고와 데이터 수집을 위한 좋은 기회를 기업들에게 제공했다. 불과 몇 년 만에 온라인 광고가 신문 광고를 능가한다. 2007년 에스토니아는 의회 선거에서 인터넷 투표를 사용한 최초의 국가가 된다.

2010~2020년 : 이제는 디지털 전환이 표준

2009년 비트코인(Bitcoin), 블록체인, 분산형 디지털 통화 기술이 개발된다. 『이코노미스트(Economist)』에서 이를 경제 작동 방식을 변화할 수 있는 기술로 소개했다. 이 기술은 아직도 디지털 세계에서 논쟁의 중심이다.

디지털 카메라는 스마트폰이라는 새로운 혁신으로 대체된다. 2011년 아마존은 인쇄된 책보다 더 많은 킨들(Kindle) 책을 판매한다. 에

무인 자율 차량

어비앤비(Airbnb)는 휴가 및 임대 산업을 대혼란에 빠트렸다. 판도라 (Pandora) 같은 스트리밍 서비스 수익은 CD 판매량을 추월하고, 우버 (Uber)는 차량 공유 사업에 큰 위협이 된다. 교통 운송 서비스는 테슬라와 같은 무인 자율 차량 기술로 혁신되었다.

2012년 연간 전자 상거래 매출은 전 세계적으로 1조 달러에 도달한다. 얼마 지나지 않아 전 세계 인터넷 사용자 수는 30억 명에 이른다. 페이스북의 데이터 웨어하우스는 300페타바이트 이상을 보유하게 된다.

Slack 및 Microsoft Teams 같은 소프트웨어는 사무실에서 우리가 일하는 방식을 온라인 협업으로 혁신했다.

고객 리뷰, 가격 비교, 무료 취소 및 빠른 예약을 연중무휴로 제공하는 부킹닷컴(Booking.com), 익스피디아(Expedia) 및 트립어드바이저 (TripAdvisor)는 기존 경쟁업체가 제공하는 서비스를 뛰어넘었다. 애플

인터넷 전자 상거래 서비스 급증

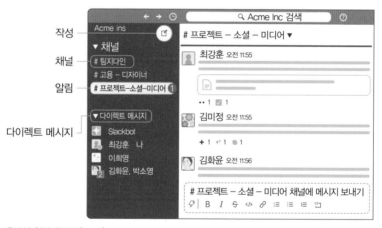

온라인 협업 플랫폼(Slack)

시리(Apple Siri), 아마존 알렉사(Amazon Alexa), 구글 어시스턴트(Google Assistant) 또는 마이크로소프트 코타나(Microsoft Cortana) 같은 가상 대

화형 비서가 소개되었다.

　2020년은 코로나19로 디지털 전환이 가속화되었다. 지금까지 디지털 혁신의 역사는 기존 비즈니스를 대체하고 파괴하는 방식으로 급성장했다. 디지털 도구를 잘 활용한 기업은 살아남았지만, 다수는 많은 어려움을 겪었다. 공룡같은 전통 기업의 소멸과 디지털 산업의 번영이 엇갈린 역사의 교훈은 뼈저리게 다가온다. 디지털이 아날로그 시장을 침공하고, 대체하는 메커니즘은 우리가 생산성, 편리함, 개인주의에 기반한 사회적 욕구를 추구하는 이상 멈추지 않을 것이다.

03

디지털 혁신의 이점

우리는 기업이 진화하고 생존하기 위해 혁신해야 한다는 것을 알고 있다. 혁신을 하기 전에, 자문해볼 만한 중요한 질문이 있다. 디지털 혁신의 이점은 무엇인가? 기업의 생존으로 이어지는 디지털화의 역할은 무엇인가? 막연한 느낌으로 디지털 혁신을 성공하기는 쉽지 않다. 우리는 무엇이 디지털 혁신인지를 좀 더 깊게 이해할 필요가 있다.

상호 연결된 고객 경험 제공

디지털 혁신은 기업이 고객과 상호 작용하는 방식을 크게 개선할 수 있다. 디지털 세계에서는 일방적으로 전달되는 비즈니스 메시지보다 훨씬 더 고객 가치 피드백을 얻을 수 있다. 피드백을 통해 기업은 고객 요구 사항을 충족하는 보다 우수하고 일관된 경험을 제공할 수 있다. 이는 속도, 개인화, 연중무휴 가용성은 참여도를 높이고 고객 충성도를 끌어올리는 요소이다.

협업 문화 개선

디지털 기술을 사용하면 서비스를 사용하는 이유를 이해하기 위한 많은 정보에 좀 더 쉽게 접근할 수 있다. 수평적, 개방적 정보 접근이 가능한 디지털 기술은 스마트폰처럼 손안에서 손쉽게 다루어진다. 사람들은 디지털 플랫폼에 대한 신뢰를 바탕으로 팀워크 및 협력 방식을 개선할 수 있다. 시공간이 떨어져 있는 사람들끼리 쉽게 가상의 팀을 만들고 프로젝트를 효율적으로 진행할 수 있다.

더 깊은 고객 통찰

고객의 디지털 정보 접근성은 비즈니스 성공에 매우 중요한 요소이다. 컨설팅회사 액센추어의 발표에 따르면 고객의 75퍼센트는 본인의 구매 내역을 알고 싶고, 과거 구매 패턴에 따른 제품을 제때에 추천할 수 있는 곳에서 구매할 가능성이 높다고 한다. 자동화된 고객 구매 패턴 분석 도구는 시장 세분화, 고객 이탈 예측, 재구매 확률, 개인화된 구매 서비스를 제공한다. 인공지능 같은 디지털 도구는 고객 획득, 고객 유지 및 제품 전환율을 높이는 방법에 이르기까지 엄청난 이익을 제공한다. 이런 도구들은 고객 행동 패턴 예측에 대한 중요한 통찰력을 줄 수 있다.

운영 비용 절감

———

클라우드 기반 데이터베이스로 관리 비용을 절약하는 것부터 프로세스 자동화를 통한 서비스 비용 절감에 이르기까지, 디지털 도구들은 기업의 비용을 줄이는 데 효율적이다. 프로세스 자동화를 위해 문서 등 데이터의 디지털화는 필수적이다. 디지털 전환은 프로세스를 최적화하고 불필요한 지출을 줄인다. 디지털화를 통해 기업은 미래 비용을 보다 정확하게 예측하고, 예산을 통제할 수 있다.

데이터 기반 의사 결정

———

데이터 분석 및 예측, 대시보드 기반 KPI(Key Performance Indicator) 모니터링 같은 도구를 사용하면 정보에 입각한 최적의 결정을 내리기 쉽다. 고객 데이터를 더 쉽게 모니터링, 수집, 분석, 데이터 마이닝(Data Mining)할 수 있다. 디지털 비즈니스는 고객의 습관을 이해하고 데이터 통계를 기반으로 시장을 이해한다.

조직 정보 접근 권한 부여

———

디지털 전환이 성공적이려면 기업 내 직원끼리 서로 연결되어야 한다. 서로 통합되지 않은 사일로(Silo)는 줄어들고, 직원이 고객 중심의 디지털 문화를 통해 필요한 정보에 직접 접근할 수 있을 때 조직 역량

조직 사일로 현상(Ready To Manage, 2014, Eliminating Business Silos. 사일로 된 조직은 상호 시너지 효과를 얻기 어렵다)

이 강화된다.

뉴노멀 시대, 사무실에서 대면으로 일하는 것이 어려워진 상황에서는 디지털 협업 도구 기반 원격 근무 시스템은 업무에 큰 도움이 되었다. ERP 및 CRM(Customer Relationship Management)의 향상된 기능을 통해 직원은 프로세스를 설계해 자동화하고, 정확한 정보에 입각한 결정을 내릴 수 있게 되면서 생산성은 더욱 개선되었다.

새로운 디지털 비즈니스 모델

디지털 전환은 일하는 문화를 혁신한다. 디지털 데이터 개발을 통한 고도의 개인화된 서비스로 인해 새로운 비즈니스 기회가 만들어졌다. 『하버드 비즈니스 리뷰(Harvard Business Review)』에서 인터뷰한 임원의 84퍼센트는 새로운 비즈니스 기회는 성공적인 디지털 전환 기업에서 가져갈 것이라 예상했다. 빅 데이터 기술과 인공지능은 실시간으로 데이터를 자동화된 프로세스로 처리해 기존의 방식보다 훨씬 더 빠르고 효과적인 의사 결정을 지원한다. 생산성을 높일 수 있는 새로운 디지털 기술은 비즈니스 기회 창출의 촉매가 된다.

제품 서비스 무인 자동화

디지털 전환 도구는 기업의 완전한 디지털화를 위한 기능을 제공한다. A회사는 고객 데이터를 수집하기 원하고, B회사는 프로세스를 최대한 자동화하기 원하는 반면, C회사는 원격 모니터링 서비스 제공을 원할 수 있다. 뉴노멀 같은 예외적인 상황에서 디지털화된 회사는 제품 서비스 공급을 중단하지 않은 채 매출을 발생시킬 수 있었다. 직원이 회사에 출근하지 않아도 고객의 문제를 연중무휴로 해결할 수 있는 회사는 오히려 매출이 증가했다.

효과적인 위험 관리 처리

디지털화는 기업을 운영하면서 준수해야 하는 규정 및 리스크 관리를 비즈니스 운영의 일부로 통합하는 데 효과적이다. 여기에는 사이버 보안, 근무 환경, 안전 관리, 개인 정보 보호, 데이터 유출 및 암호화와 같은 광범위한 비즈니스 위험이 포함된다.(Finances online reviews for business, 2021, 72 Vital Digital Transformation Statistics: 2021/2022 Spending, Adoption, Analysis & Data)

수많은 기업 보고서가 디지털 전환의 중요성을 이야기한다. 다음은 디지털 전환이 세상을 어떻게 변화시키고 있는 지를 통계적으로 보여준다. (Cem Dilmegani, 2021, 85+ Digital Transformation Stats from reputable sources. Blake Morgan, 2019, 100 Stats On Digital Transformation And Customer Experience)

1. 전 세계 주요 기업의 70퍼센트가 디지털 도구를 활용하는 중이다.

2. 2019년 기업들은 디지털 전환에 총 2조 달러 이상을 지출했다.

3. 2019년 전체 기술 투자 지출의 40퍼센트가 디지털 전환에 사용되었다.

4. 93퍼센트의 기업이 디지털 혁신 목표를 달성하려면 디지털 전환 기술이 필요하다는 데 동의했다.

5. 경영진의 86퍼센트는 디지털화를 위해서는 올바른 문화, 새로운 비즈니스 프로세스 및 기술의 조합이 필요하다고 말했다.

6. 스타트업의 55퍼센트가 이미 디지털 비즈니스 전략을 채택했다.

7. 디지털 비즈니스 전략 채택 기업은 서비스(95퍼센트), 금융 서비스(93퍼센트) 및 의료(92퍼센트)가 포함된다.

8. 디지털 혁신을 경험한 기업 10곳 중 6곳은 새로운 비즈니스 모델에서 수익을 창출했다.

9. 52퍼센트의 조직이 인공지능 도구를 통해 비즈니스 생산성이 가능하다고 믿고 있다.

10. 경영진의 68퍼센트가 미래에는 사람과 인공지능이 함께 협력할 것이라고 믿고 있다.

11. 기업의 87퍼센트는 디지털이 시장을 혼란에 빠뜨릴 것이라고 생각하지만, 44퍼센트만이 시장 파괴적 디지털 기술에 대해 대비하고 있다.

12. 디지털 혁신을 완전히 구현한 기업은 7퍼센트에 불과하다.

13. 디지털 전환에 성공하지 못한 기업의 55퍼센트는 시장 점유율을 잃기 시작하는 데 1년이 채 남지 않았다고 생각한다.

14. 디지털 전환의 70퍼센트는 실패한다.

15. 경영진은 디지털화의 가장 큰 이점이 조직 운영 효율성 향상(40퍼센트), 제품 출시 시간 단축(36퍼센트), 고객 서비스 만족(35퍼센트)이라고 말한다.

16. CEO의 56퍼센트는 디지털화로 인해 수익이 증가했다고 말한다.

17. 실적이 우수한 기업의 39퍼센트는 통합된 디지털-물리적 시스템 (Cyber-Physical Systems)과 비즈니스를 가지고 있다.

18. 디지털 혁신의 28퍼센트는 CIO가 주도한다.

19. CEO의 37퍼센트가 직원들이 디지털 혁신에 적극적이지 않다고 믿는다.

20. 직원의 20퍼센트는 회사 경영진이 디지털화를 어떻게 해야 할지 모른다고 말했다.

21. 직원의 63퍼센트는 가장 큰 장애물로 문화적 도전을 꼽았다.

22. 약 40퍼센트의 기업은 전담 디지털 전환팀을 운영하고 있다.

23. 약 80퍼센트의 기업이 디지털화에 여러 사업부 또는 회사 전체가 관련되어 있다고 말한다.

24. 71퍼센트의 기업이 디지털 혁신 전략을 지원하는데 전문 인력이 매우 중요하다고 말한다.

25. 경영진의 60퍼센트는 사물 인터넷이 회사의 디지털 전략에서 중요한 역할을 할 것이라고 믿는다.

26. 80퍼센트의 기업이 이미 인공지능 챗봇을 도입했거나 도입 계획이 있다.

27. 고객의 63퍼센트는 필요한 경우에만 실제 상담원과 통화할 수 있다면, 챗봇으로부터 고객 서비스를 받는 데 만족한다.

28. 소비자의 78퍼센트는 스마트폰과 같은 모바일 장치를 사용해 브랜드를 이용한다.

29. 밀레니얼 세대의 거의 80퍼센트가 모바일 고객 서비스 포털이 있는 브랜드에서 제품을 구매한다.

30. 소비자의 65퍼센트는 오프라인 매장에 가기 전에 온라인으로 제품을 검색한다.

31. 소비자의 67퍼센트는 훌륭한 제품 구매 경험을 위해 더 많은 비용을 지불할 것이다.

32. 제품 구매에 만족한 고객의 70퍼센트는 기업이 자신을 어떻게 대하는지에 따라 만족도가 결정된다.

33. 소비자의 76퍼센트는 기업이 자신의 구매 요구와 기대를 미리 이해하기를 바란다.

34. 충성도가 높은 고객은 재구매할 가능성이 5배 더 높고, 가족 및 친구에게 브랜드를 추천할 가능성이 4배 더 높다.

35. 웹사이트에서 좋지 않은 경험을 한 고객은 재방문할 가능성이 88퍼센트 낮다.

36. 80퍼센트의 기업이 옴니채널 경험에 투자하고 있다.

37. 89퍼센트의 고객이 여러 고객 서비스 상담원에게 반복해 질문해야 하는 경우 좌절감을 느낀다.

04

성공 사례를 통해
배우는 교훈

　이 장에서는 디지털 전환 성공 사례를 알아보고, 핵심 요인이 무엇
인지 살펴보고자 한다.

　홈디포(Home Depot)는 40만 명 이상의 직원을 보유한 유명 주택 건
설 및 개조 관련 소매업체이다. 2017년, 인터넷 채널과 밀접하게 연결
된 전자 상거래 서비스를 고객에게 제공하기 시작한다. 회사는 디지
털 기반 고객 경험 개발 기술을 갖춘 1,000명의 그룹을 만들고 IT 부서
를 보강했다. 이를 통해 고객 데이터 수집 및 분석 능력을 어떻게 향상
시킬지 연구했다. 이 디지털 데이터 전환의 목적 중 하나는 지역의 재
고를 예측 분석해 비용을 절감하는 것이다. 이 회사는 COVID-19 상
황에도 불구하고 주가가 135달러에서 215달러, 수익은 170억 달러 이
상 증가했다.(Hysolate, 2021, Digital Transformation for Business: 5 Big Success
Stories)

타깃(Target)은 30만 명 이상의 직원을 보유한 미국 10대 소매업체 중 하나이다. 이 회사는 온라인 주문을 도입하고 매출을 증대시키기 위한 디지털 마케팅 이너셔티브를 시작했다. 고객이 제품을 보다 쉽게 발견하고 온라인 구매 시에도 매장을 둘러볼 수 있도록 실제 매장을 재설계했다. 타깃은 2006년에 디지털 혁신을 시작했으며 주가는 53달러에서 88달러로 상승했고, 매출은 60억 달러 증가했다.

해즈브로(Hasbro)는 5,500명 이상의 직원과 40억 달러 이상의 연간 매출을 올리는 장난감 및 게임 제조업체이다. 이 회사는 소셜 미디어를 기반으로 데이터 기반 캠페인을 시작했다. 데이터를 수집해 자녀에게 가장 관련성이 높은 장난감을 추천하고 여러 채널을 통해 원활하게 제품을 구매할 수 있도록 했다. 마케팅 캠페인으로 인해 해즈브로의 매출은 10억 달러, 주가는 36달러에서 109달러로 증가했다.

캐피탈 원(Capital One)은 디지털 기술을 사용해 비즈니스를 혁신한 금융 비즈니스의 훌륭한 사례이다. 이 거대 은행은 아마존의 인공지능 알렉사 가상 비서를 금융 거래 시스템에 도입한 최초의 기업이다. 모바일 뱅킹앱은 애플의 터치 아이디(Touch ID)를 지원한다. 이 은행은 최고의 고객 경험을 제공하기 위해 노력했다. 예를 들어 캐피탈 원 카페(Capital One Cafe)를 오픈해 기다림에 지칠 수 있는 고객에게 편리한 디지털 은행 거래 서비스를 위한 Wi-Fi 환경을 제공하는 동시에 무료 커피로 휴식을 제공한다.

마이크로소프트(Microsoft)는 16만6,000명 이상의 직원을 보유한 세계 최대의 소프트웨어 회사이다. 마이크로소프트는 애플, 아마존, 구

Microsoft Azure 클라우드 플랫폼

글 같은 경쟁업체와 경쟁하기 위해 새로운 디지털 전략을 개발했다. 주요 초점은 개인과 대규모 조직 모두에게 기술에 더 쉽게 액세스할 수 있는 클라우드 컴퓨팅 비즈니스를 제공하는 것이었다. 이 회사는 아마존과 구글에 비해 클라우드 컴퓨팅 기술을 늦게 개발했으나 이제는 이 분야에서 세계 2위의 클라우드 제공 업체가 되었다. 마이크로소프트 애저(Microsoft Azure)를 구축하고 SAP, VM웨어, 오라클 등 다른 기술 대기업과 파트너를 맺어 시장 입지를 강화했다. 그 결과 회사의 주가는 2014년 38달러에서 136달러 이상으로 증가했고, 시가 총액이 1조 달러가 넘었다.

세계에서 가장 상징적이고 전통적인 브랜드 음료를 제조하는 코카콜라 컴퍼니는 세상이 디지털화됨에 따라 쇼핑객 행동의 변화를 예측하는 것을 목표로 하는 디지털 전환 전략을 구현했다. 이들의 목표는 온라인 세계와 오프라인, 현실과 증강 현실을 오가는 세대를 위한 코카콜라 브랜드를 포지셔닝하는 것이었다. 이들이 개발한 로드맵은 경험, 조직 운영, 문화 및 비즈니스를 포괄한다. 그 결과 신제품 출시 기간이 3개월에서 2개월로 단축되고, 고객 경험이 향상되고, 매출이 증가된다. 이 회사는 Coca-Cola Bottlers' Sales and Services(CCBSS)를 개발하기 위해 립코드(Ripcord)사와 협력해 기계 학습과 프로세스 자동화 소프트웨어를 사용했다. 이를 통해 세일즈와 관련된 문서 수명 주기를 디지털화했다. 이 기술은 문서를 스캔, 처리하고 고객에게 필요한 데이터를 전송하는 과정을 자동화하는데, 서류와 관련된 작업 시간과 생산성을 크게 향상시킨다.

버드와이저(Budweiser), 스텔라 아르투아(Stella Artois) 및 코로나(Corona)의 소유주인 안호이저-부시 인베브(ABinBev)는 인공지능 기술 기반 솔루션을 연구, 개발하는 실리콘밸리 기반 혁신 센터인 '비어 개러지(Beer Garage)'를 설립했다. 이 기술을 사용해 최종 제품 품질을 예측하고 양조 과정에서 얻을 수 있는 데이터를 자세히 관찰할 수 있다.

이케아(IKEA)는 디지털 전환이 금융 부문과 자동차 산업에만 국한되지 않는다는 것을 보여주었다. 이케아는 가구를 직접 조립하는 것을 좋아하지 않는 고객을 돕기 위해 온라인 서비스인 태스크래빗(TaskRabbit)을 제공한다. 이어 자체 제품 개발과 결제 처리 방식을 디지털 방식으로 변환하고, 스마트홈 시장에 뛰어든다. 2021년 6월까지 디지털 변환 노력의 직접적인 결과로 전자 상거래 매출이 300퍼센트 증가했다.(The Scalers, 2021, 5 Powerful Digtal Transformation Success Stories)

언더아머(Under Armour)사는 개인 건강 데이터를 추적, 분석 및 공

개인 건강 데이터 추적 및 분석 서비스

유하는 플랫폼인 '연결된 피트니스'를 도입했다. 언더아머에 데이터를
제공하면 피트니스 상황 및 건강 추세를 즉시 파악할 수 있었다. 언더
아머의 이러한 성공은 소프트웨어 중심 사고 방식에 대한 생각의 변화
로 가능했다. 이들은 디지털 전환의 힘을 인식했고, 이를 추진할 핵심
기술 인재를 적극적으로 확보했다.

　　허니웰(Honeywell)은 항공우주 및 건축 기술을 포함한 여러 산업에
서 비즈니스를 하는 포춘(Fortune) 100대 제조업체이다. 허니웰은 IoT
연결 장치, 데이터 기반 분석 기능 제공, 프로세스 제어 같은 혁신을
주도하는 사내 디지털 혁신 그룹을 조직했다. 수집된 고객 데이터는
제품을 개선하고, 고객이 더 나은 결정을 내리도록 지원한다. 그 결과
주가는 95달러에서 174달러로 상승했다.

COVID-19백신으로 유명한 화이자(Pfizer)는 스마트 팩토리 기술을 도입해 생산성 및 품질 향상에 성공했다. 이 회사는 커넥트 팩토리(Connect Factory) 개념을 공장에 도입했다. 화이자는 이 개념을 구현해 의사결정이 필요할 때 중요한 데이터를 즉시 사용할 수 있다. 상호 연결된 제조 및 물류 프로세스는 원자재 공급, 완제품 배송 같은 공정에서 필요한 디지털 도구를 배치해 생산을 멈추지 않은 상태에서 새로운 백신 제조공정을 추가할 수 있다.

화이자는 추가된 공정에 따라 균일하게 백신 화합물을 혼합할 수 있는 특별한 설계 장비를 개발했다. 생산 프로세스가 중단되지 않은 상태에서 새로운 장비를 추가할 수 있어 시간과 비용을 절감했다.

05

실패 사례, 타산지석

실패는 쓰라린 경험이다. 누구나 이를 공유하기 싫어한다. 그러나, 실패는 성공보다 훨씬 더 값진 교훈을 준다. 우리는 여기서 실패를 통해 중요한 깨달음을 얻고자 한다. 항상 기업이 디지털 전환에서 성공하는 것은 아니다. 맥킨지(McKinsey) 연구에 따르면 모든 디지털 전환 프로젝트의 70퍼센트가 실패한다.(pandio, 2021.3, Top 5 Reasons Digital Transformation Efforts Fail)

제너럴 일렉트릭(GE)은 IoT 플랫폼을 구축하기 위해 제품에 센서를 추가, 비즈니스 모델을 혁신함으로써 시장을 확대하는 공격적 투자를 진행했다.(Blake Morgan, 2019, Companies That Failed At Digital Transformation And What We Can Learn From Them, Forbes) 2015년 GE는 디지털 사업부를 만들고, 디지털 전환 단계를 실행한다. 목표는 데이터를 활용해 GE를 다시 기술 강자로 만드는 것이다. GE는 수십억 달

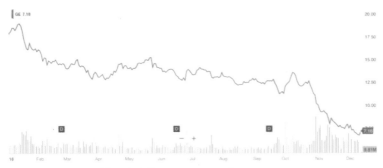

디지털화 전략 실패로 인한 주가 하락(GE, Yahho Finance)

러를 쏟아부었다. 하지만 회사의 주가는 계속 하락했고, 기존 제품도 타격을 입었다. GE의 디지털 전환 전략은 누구도 잘 이해할 수 없을 만큼 너무 방대했고, 전략은 고객 기반 비즈니스 모델로 정렬되지 못 했다. 이 실패로 인해 CEO는 사임했다.

미국 자동차 회사인 포드(Ford)는 포드 스마트 모빌리티(Ford Smart Mobility)라는 부서를 만들어 디지털 혁신을 시도했다. 목표는 디지털 방식 스마트 자동차를 개발하는 것이었다. 하지만, 이를 위해 새로 만 든 디지털 혁신 부서는 포드의 나머지 조직과 통합되지 않았다. 이 부 서는 자회사로 간주되어 완전히 분리된 캠퍼스에 있었고, 다른 사업 부와 연결성이 없는 별도의 독립체로 간주되었다. 이 부서는 승차 공 유 버스 스타트업 Chariot(6,500만 달러 투자), 클라우드 소프트웨어 회사 Pivotal(1억 8,200만 달러 투자) 등으로 큰 손실을 입었다. 포드가 새로운 사업에 막대한 자금을 쏟아부으면서 회사의 다른 부분을 신경 쓰지 못 했고, 결국 제품 품질 문제도 발생했다. 회사의 주가는 급격히 하락했고, 몇 년 후 CEO는 사임했다.

소비재 대기업인 프록터 앤드 갬블(Procter & Gamble)은 지구상에서 가장 디지털적인 기업이 되기 위해 디지털 전환을 시작했다. 이 회사는 이 결정을 했을 때 이미 업계를 선도하고 있었다. 하지만 너무 광범위해진 디지털 전환 목표는 집중된 비즈니스 모델과 제품 개발로 이뤄지지 않았다. 경기 침체와 함께 혼란을 겪었고 여러 문제에 직면했다. 이로 인해 CEO는 이사회에서 사임하라는 요청을 받았다.

> 디지털 전환 실패 사례의 문제점들은 CEO가 디지털 전환에 대한 과도한 기대, 불명확하고 광범위한 목표, 기존 조직 및 비즈니스와 통합되지 않은 디지털 전환팀, 명확한 실행 전략 부재, 투자 대 효과 예측 실패, 실행 전문가 부족, 디지털 시스템 아웃소싱 관리 실패 등이 원인이었다.

이는 과거 디지털 시스템 구축을 시도할 때부터 반복된 역사이다. 디지털 시스템의 실패는 주가 하락뿐 아니라 조직의 혁신 문화를 구석기 시대로 되돌려 놓기도 한다. 과거, 조직 인사, 물류 등 자원관리를 디지털화하기 위한 여정에서도 비슷한 실수를 반복한 적이 있다.

휴렛팩커드(Hewlett Packard)는 전사적 자원관리(Enterprise Resource Planning, ERP) 프로젝트 개발을 위해 1억 6,000만 달러를 지출했다. 하지만 개발 실패로 인한 회사 손해는 투자 금액의 거의 5배에 달했다.(Eric Kimberling, 2021.4, Top 10 Digital Transformation Failures of All Time, Selected by an ERP Expert Witness)

나이키(Nike)사는 자원관리 시스템을 업그레이드하는 데 4억 달러를 지출했지만 주가는 약 20퍼센트 하락했다. 회사는 추가로 5년의 개발기간과 4억 달러의 자금을 추가로 투자해야 했다.

미국의 대규모 유틸리티 회사인 내셔널 그리드(National Grid)는 비즈니스 최적화 도구인 SAP을 이용한 시스템 구현에 10억 달러 이상을 투자했다. 이 개발은 실패했으며 추가 구현을 위해 서비스에 1억 달러를 지출해야 했다. 서비스를 시작한 후 시스템이 출시될 때 시스템 안정화를 위해 1억 달러를 추가로 지출했다. 이들은 시스템 통합을 책임진 업체인 위프로(Wipro)를 상대로 소송을 제기했다.

정부 공공사업은 세금이 책임감 없게 사용되는 경우가 빈번하다. 미 해군은 1998년부터 업무 디지털화를 위한 자원관리 시스템을 구현하고 있지만 10억 달러 이상을 지출했다. 이 프로젝트는 여전히 진행 중이다.

GAO 보고서에 따르면 IBM, Lloyd 및 EDS라는 3개의 큰 시스템 통합 업체가 있었다. 결과 보고서에 따르면, 이 10억 달러 프로젝트의 결과로 실질적인 개선은 없었다. 요구 사항 범위를 크게 줄였음에도 불구하고 10억 달러 이상을 지출했다.

앞서 디지털 전환의 실패 사례를 살펴보았다. 이외에도 공개되지 않은 수많은 실패 사례가 있다. 이를 되새겨 보면 단순히 디지털 기술이 장밋빛 성공으로 이끄는 마법은 절대 아니라는 것을 알 수 있다.

기업을 디지털화하는 데 가장 큰 걸림돌 중 하나는 현실적이고 전사적인 디지털 전환 전략이 없다는 것이다. 막연한 장밋빛 미래는 그들에게 재앙으로 다가왔다.

세계적인 컨설팅 업체인 KPMG(Klynveld Peat Marwick Goerdeler)는 디지털 기술 적용에 대한 설문 조사를 수행했던 적이 있다. CIO, 관리자 및 기술자 4,498명이 설문 조사에 참여했다. 이 중 19퍼센트는 본인이 속한 조직이 디지털 기술을 효과적으로 사용하지 못했다고 답했다. 69퍼센트는 디지털 기술을 사용하는 데 어느 정도 수준까지만 효과가 있다고 응답했고, 18퍼센트만이 조직의 비즈니스 전략을 향상시키는데 도움이 되었다고 말했다.

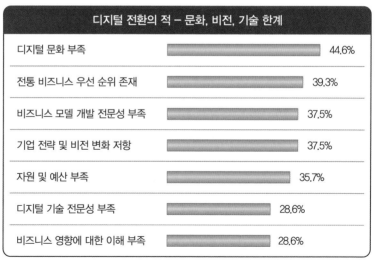

디지털 전환의 적 – 문화, 비전, 기술 한계

디지털 문화 부족	44.6%
전통 비즈니스 우선 순위 존재	39.3%
비즈니스 모델 개발 전문성 부족	37.5%
기업 전략 및 비전 변화 저항	37.5%
자원 및 예산 부족	35.7%
디지털 기술 전문성 부족	28.6%
비즈니스 영향에 대한 이해 부족	28.6%

디지털 전환 실패 원인 조사(CIO survey, 2016)

많은 기업이 디지털화할 때 실패하는 이유는 무엇일까? 맥킨지 (McKinsey)에 따르면 직원의 문화적 저항과 경영진 의지와 이해 부족, 디지털 기술에 대한 전문성 부족 등이었다.

실패 원인을 좀 더 자세히 살펴보겠다.

1. 조직에 적합한 기술 및 소프트웨어 채택 실패

조직이 디지털 전환에 관심을 가지고 있을 때, 가장 쉬운 시도 중 하나는 사례에서 사용된 기술이나 소프트웨어를 그냥 가져다 사용하는 것이다. 이런 성급한 시도는 조직의 비즈니스 비전, 전략 및 문화를 고려하지 않은 채 이상적이거나 편향된 방식으로 솔루션을 구현하고, 직원들에게 맞지 않는 서비스 사용을 강제한다. 이러한 접근은 직원의 반발을 불러 디지털 전환을 후퇴시킨다.

2. 디지털 기술 전문가 부족과 아웃소싱 실패

디지털 전환에 중요한 기술을 인식할 수 있는 디지털 리더, 전문가, 경험 부족으로 시작 동력을 얻지 못하는 경우가 많다. 비교적 단순한 문제로 보일 수 있지만 컨설팅 보고서에 따르면 거의 70퍼센트의 리더가 조직에 디지털 기술이 부족해 어려움을 겪는다고 한다. 비전문적인 산업 분야에서 디지털 전환을 적용하기 위해서는 디지털 기술 구현을 적절히 아웃소싱해야 한다. 그러므로 올바른 기술 개발 업체를 선택하는 것은 매우 중요하다. 규모가 크거나 잘 알려진 솔루션 개발, 시스템 통합 업체라고 해서 실패하지 않는 것은 아니다. 앞서 언급된 실패 사례를 보면, 평판 좋은 유명한 솔루션 개발 업체도 재앙의 씨가 되었음을 알 수 있다. 이들 중 일부는 큰 소송에 휘말렸다. 디지털 전환을 아웃소싱할 때는 조직 내 디지털 기술 경험이 있는 전문가나 긱(Geek) 인재가 필수적이다. 이런 전문가로 구성된 팀을 통해 조직 비전과 문화를 잘 이해하는 외부 기술개발 업체를 잘 선택하는 것이 실패하지 않는 유일한 방법이다. 이때 기억해야 할 중요한 점은 시스템이 개발된 이후 유지 보수할 수 있는 방법도 마련해 두어야 한다는 것이다. 개발이 끝났다고 해서, 디지털 전환이 성공하는 것은 아니다. 개발된 솔루션은 수십 년 이상 사용될 수 있다고 가정하고, 유지 보수, 기능 확장 방법을 시스템 개발 초기 단계부터 계획에 포함해야 한다. 많은 기업, 공공 프로젝트가 이를 쉽게 간과하고 크게 실패한다. 아웃소싱된 유명한 디지털 기술 개발 업체가 프로젝트의 성공을 책임지지 않는다. 솔루션이 인도된 후에 모든 문제들은 전적으로 당신의 책임 아래에 있다는 것을 명심하라.

3. 불명확한 비즈니스 프로세스, 요구 사항과 로드맵

디지털 전환은 기술만 가져다 쓴다고 해서 성공하는 것이 아니다. 불명확한 비즈니스 프로세스와 요구 사항을 기반으로 자동화 시스템을 개발하려는 경우가 있다. 이는 모래 위에 성을 쌓는 위험한 행동이다. 디지털 전환을 위한 기술 개발을 진행하기 전에 조직의 비즈니스 목표, 프로세스 및 요구 사항을 먼저 명확히 하는 것은 상식이다. 사용하는 기술이 비즈니스를 성공시킬 것이라는 함정에 빠지지 말라. 비즈

예시	
목표	사용자가 ID와 암호로 로그인할 수 있음
사전 조건	사용자는 로그아웃되어 있고, 로그인 하기 전임
입력	올바른 사용자 ID / 암호
절차	1. 사용자 ID 입력 2. 암호 입력 3. 로그인 버튼 선택
출력	사용자가 로그인되고, 데쉬보드가 보임

사용자 승인 테스트 항목 예(Construct Digital, 2018, How to Run User Acceptance Test (UAT): An Actual Example From a Singaporean Tech Company)

니스 프로세스가 고객에게 어떻게 보여야 하고 경험되어야 하는지를 디자인해야 한다. 고객 중심으로 정렬된 전략은 기술이 어떻게 비즈니스를 가장 잘 지원할 수 있는 지에 대한 아이디어와 방법을 정의하는 데 큰 도움이 된다. 이를 위해 사용자가 참여한 기술 및 솔루션 테스트 과정은 필수적이다. 전체 솔루션과 종단 간 비즈니스 프로세스를 스트레스 테스트하는 것은 매우 중요하다. 만약, 사용자 승인 테스트(User Acceptance Testing) 프로세스가 미리 준비되어 있었다면, 앞서 언급한 실패 사례 중 많은 부분은 문제가 발생하지 않았을 것이다.

실패 사례들 중 다수는 사용자 승인 테스트 과정이 명확하고 효과적이었다면, 수백만 달러(경우에 따라 수십억 달러)를 잃지 않았을 것이다. 실패한 일부 기업은 비즈니스 목표에 맞는 디지털 전환 로드맵 없이 위험한 여정을 시작했다. 이는 기업의 한정된 자원을 기업 비전에 정렬하는 데 실패하는 지름길이 된다. CIO는 목표를 정의하고, 디지털 비즈니스 모델의 일부로 투자를 정당화할 수 있는 비전이 있어야 한다. 도입되는 기술의 가치를 이해하고, 기업 문화에 어떤 영향을 미칠지, 기업에 어떤 이익을 가져올 지를 명확히 이해해야 한다.

4. 경영진 참여 및 리더십 부재

핵심 경영진이 참여하지 않는 디지털 전환은 실패한다. 이들이 성공을 위해 소매를 걷어붙이고, 중요한 의사 결정을 내리지 않으면 시급한 자원 배정은 밀리고, 책임은 서로 회피되며(일명 폭탄 돌리기), 결과물은 쓰레기처럼 변한다. 디지털 전환을 시작하기 위한 추진력은 회사 최상층과 CIO에서 시작된다. 경영진은 새로운 기술의 가치에 회의적일 수 있으며 선구적인 접근 방식보다 덜 위험한 빠른 추종자 접근을 선호할 수 있다. 이로 인해 손실을 경험하지 않은 기업은 너무 늦을 때까지 디지털 전환을 수행할 필요성을 느끼지 못한다. 경영진은 최신 디지털 도구를 인식하지 못하거나 디지털 혁신이 무엇인지 이해하지 못할 수 있다. 성공하고 싶다면, 당신의 계획을 경영진 앞에서 발표할 때, 그들이 변화되도록 영감을 주는 매력적인 이야기를 준비하라. RoI (Return on Investment, 투자수익률) 등 근거 있는 수치를 준비하되, 스토리텔링에 집중해 큰 그림을 그린 후 모든 사람이 목표를 공감할 수 있도록 한다.

5. 디지털 전환에 대한 이해 실패

실패한 대부분의 조직들은 앞서가는 것은 좋아하지만, 명확한 디지털화에 대한 그림을 갖고 있지는 않았다. 그들은 디지털화에 대한 영향과 이익을 창출하는 데 도움이 될 수 있는 모든 방법을 이해하지 못한다. 고객과 전체 비즈니스 가치를 파악하는 데 시간을 들이지 않는다. 디지털 전환은 기존 비즈니스 프로세스를 개선하거나 새로운 비즈니스 프로세스를 추가하기 위해 필요한 비즈니스 영역에 디시털 기술을 구현하는 프로세스이다. 신기술 쇼를 구경하기 위한 일회성 전략이 아니다. 디지털 전환은 비즈니스 관행을 재개발하기 위한 조직 차원의 전략이 되어야 한다.

6. 변화에 대한 저항

디지털 전환은 기술, 전략 및 문화에 관한 것이고 결국, 성공하려면 회사와 직원에게 깊숙이 스며들어야 한다. 직원은 성공적인 디지털 혁신을 위한 중요한 요소이다. 경험이나 기술이 부족하면 디지털화 과정에서 여러 실수를 저지를 수 있다. 직원들의 변화에 대한 저항은 기업의 디지털화 성공에 방해가 될 수 있다. 『하버드 비즈니스 리뷰』가 700명의 경영진을 대상으로 실시한 설문 조사에서 63퍼센트가 혁신의 가장 큰 장애물은 조직과 직원의 문화적 도전이라 응답했다.

사실, 회사의 문화는 직원의 행동 방식을 좌우한다. 새로운 비즈니스 목표가 작동할 때 행동은 하룻밤 사이에 바꾸기 어렵다. 저항하는 직원을 수용하고, 변화를 지원할 수 있도록 기술을 갖추고 조직을 성공으로 이끄는 리더가 필요하다. 리더를 외부에서 찾아야 하는 것은 아니다. 새로운 기술에 대해 직원을 교육한 후 직원에게 권한을 부여하고 기술 격차를 해소하는 방식이 부작용이 적다. 이를 위해 직원의 사기와 직업 만족도를 높이고 목표를 달성하기 위해 계속해서 나아가도록 해야 한다. 고객 중심 문화를 구축한 후 디지털의 긍정적인 영향을 이해시켜야 한다. 새로운 디지털 업무 관행이 비즈니스를 변화시키고 고객에게 큰 가치를 제공할 수 있는 이유와 방법을 설명해야 한다. 기존의 일하던 방식, 시스템, 과거의 유산도 저항의 큰 요인 중 하나이다. 기존에 일하는 프로세스가 효율적이지 않으면 디지털 전환해도 생산성은 개선되지 않는다. 혁신적인 기술을 사용하겠다면, 고객 요구사항에 맞춰 프로세스를 개선하고 더 효율적으로 만들어야 한다. 많은 기업은 파괴적인 디지털 기술이 등장하면 해당 기술에 적응하기 위해 변화를 하려 노력은 하지만 여전히 기존 문화를 기반으로 일을 한다.

레거시 시스템의 비효율과 복잡성(IT resource, 2018, Organized Cabling is Better Cabling: Avoid Server Room Spaghetti)

사물 인터넷, API(Application Program Interface), 인공 지능 등을 제대로 활용하고자 한다면 과거의 유산인 레거시(Legacy) 시스템은 폐기되거나 혁신되어야 한다.

의료 및 금융 분야는 이런 레거시 시스템이 특히 문제가 된다. 이 분야의 기업은 어렵게 얻은 평판에 심각한 영향을 미칠 수 있는 상황을 경계할 수밖에 없다. 예를 들어 클라우드 플랫폼을 도입하고자 할 때, 환자의 기밀 데이터에 접근하는 해커를 우려할 수밖에 없다. 금융 부문의 많은 기업들도 해킹 스캔들을 만들지 않도록 소셜 미디어 활용 시점을 조절하고 있다. 이러한 문제에도 불구하고 CIO는 사이버 해킹, 데이터 탈취 가능성에 대해 두려움을 가지고 있기보다 보안 도구를 탐색해야 한다. 회사 내 직원이 사용하는 장치, 기술 및 소셜 미디어 사용에 대한 보안 정책을 만들고, 규정을 명확하게 명시하는 것은 또 다른 솔루션이 될 수 있다.

7. 옴니채널 경험 실패

오늘날 소비자들은 브랜드와 소통할 때 옴니채널(Omni Channel) 경험을 기대한다. 옴니채널은 여러 채널을 통해 고객이 브랜드와 소통하는 느낌과 효용을 제공하고, 제품을 구매하도록 한다. 젊은 세대 요구 사항을 충족시키려면 스마트폰, 웹사이트에서 쇼핑하고, 이메일이나 메신저를 통해 연락하고, 소셜 미디어에서 정보를 공유할 수 있어야 한다. 요즘 오프라인 매장을 방문하는 대부분의 소비자는 먼저 온라인에서 제품이나 서비스를 검색하고 가격이나 품질을 비교해본다. 옴니채널 경험을 위한 여러 구매 채널을 제공하지 않으면 고객을 잃을 위험이 있다.

디지털화는 웹사이트만 있는 것이 아니다. 글로벌 가구업체 이케아(IKEA)는 옴니채널 경험을 제공하기 위해 디지털을 수용한 훌륭한 예이다. 모바일 카탈로그 앱을 통해 옴니채널 쇼핑을 제공하는 것 외에도 이케아 가구 조립, 핸디맨(Handyman) 작업, 청소, 심부름, 이사 등 고객을 돕기 위해 태스크래빗(TaskRabbit) 서비스를 제공한다. 이케아는 고객 경험을 확장시켰으며, 스마트홈 시장에 진출했다.

8. 빈약한 데이터 분석

데이터는 기업의 가장 소중한 자산이다. 데이터를 사용해 비즈니스 프로세스를 개선, 고객 요구 사항을 이해하고 고객 경험을 개인화했을 때, 기업은 경쟁 우위를 확보할 수 있다. 데이터 분석이 충분하지 않으면 부정확하거나 불완전한 데이터로 의사결정을 하게 될 수 있다. 수집된 데이터에서 실행 가능한 통찰력을 이끌어내지 못하므로 디지털화 노력이 결실을 맺지 못한다. 기업은 데이터 수집, 저장 및 분석하는 방법을 간소화하기 위해서는 효과적인 데이터 처리 파이프라인(Pipeline)을 구축할 필요가 있다.

데이터 파이프라인은 여러 데이터 소스(Source)에서 비즈니스와 관련된 원시 데이터를 실시간으로 수집하고, 분석을 위한 데이터베이스를 생성하는 데이터 처리 프로세스를 말한다. 이는 IT 분야에서 데이터 ETL(Extract, Transform, Load) 도구로 불린다. ETL은 BI(Business

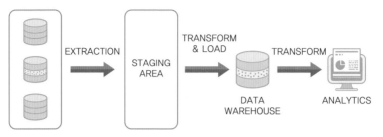

데이터 파이프라인 도구인 ETL(Spec India, 2019, What Is ETL)

Intelligent. 비즈니스 인텔리전스) 서비스가 수행되기 위한 중요한 도구로 사용된다.

　데이터 파이프라인 아키텍처는 데이터를 정제, 변환하고, 데이터 웨어하우스(Warehouse), 데이터 레이크(Lake)와 같은 스토리지 시스템으로 이동한다. 분석 기능을 사용해 전략적 데이터 사용을 위한 통찰력을 제공한다. 데이터 파이프라인을 최대한 활용하기 위해 인공지능 도구를 추가할 수 있다. 인공지능 기계 학습은 비정형 데이터에서 사람처럼 배우고 미래 예측이 가능한 통찰력을 제공한다.

06

시장 파괴적인
디지털 기술

딜로이트(Deloitte) 그룹의 설문 결과(2021년)에 의하면, 향후 몇 년 동안 중요한 기술은 사이버 보안(54퍼센트), 클라우드 컴퓨팅(54퍼센트), 5G(51퍼센트), 인공지능(47퍼센트), IoT(44퍼센트), 로보틱스 프로세스 자동화(33퍼센트), 인공지능 기반 데이터 마이닝(mining, 30퍼센트), 에지 컴퓨팅(Edge computing, 30퍼센트), 블록체인(Blockchain), No-code 개발 (21퍼센트)로 나타났다.

이 장에서는 중요한 시장 파괴적인 디지털 기술과 도구를 좀 더 상세히 알아본다.

모바일

모바일 기술은 스마트폰 같은 휴대용 장치에서 실행되는 기술을 말한다. 모바일은 가볍고 작고 휴대하기 편리하지만 PC와 비슷한 기능과 인터넷 연결 성능을 가진다.

현재 많은 소비자는 모바일로 웹 브라우징, 통신, 엔터테인먼트, 쇼핑 및 거래를 한다. 이로 인해 기업은 새로운 소비자 습관에 적응할수밖에 없다. 기업은 고객이 언제 어디서나 정보에 즉시 요청할 수 있는 상황을 고려한 서비스를 지원해야 한다.

직원들은 모바일 기술을 사용해 동료와 소통하고, 정보에 액세스한다. 사무실 워크플로를 변경하고 직원 효율성에 대한 새로운 접근방식을 제공한다.

빅 데이터 분석

빅 데이터는 다양한 소스에서 오는 방대한 양의 데이터를 말한다. 기존 도구는 영업, 거래 등에 대한 트랜잭션(transaction) 데이터를 주로 분석했다. 현재는 모바일, 웹 및 소셜 미디어와 같은 디지털 소스에서 오는 데이터를 분석한다.

빅 데이터는 조직에서 데이터를 활용해 새로운 기회를 포착하고 의사 결정 프로세스를 최적화하는 데 도움이 된다. 과거 사람이 개입된 통계를 기반으로 분석하는 방식에서 현재는 SNS 등 다양한 채널에서 수집된 데이터를 예측 분석해 실시간으로 의사 결정을 지원하는 방향으로 변화하고 있다.

클라우드 컴퓨팅

—

빅 데이터를 저장하고 처리하는 것은 클라우드 컴퓨팅 없이는 불가능하다. 기업은 자체 IT 서버 인프라에 대규모 투자를 하지 않고도 타사의 클라우드 제공 업체를 통해 데이터를 수집, 처리 및 관리할 수 있게 되었다. 현재 기업은 CRM(Customer Relationship Management, 고객 관계 관리), SFA(Sales Force Automation, 영업 자동화) 및 HCM(Human Capital Management, 인적 자산 관리) 클라우드 서비스를 사용하고 있다.

많은 조직은 기존 서버 컴퓨터 시스템을 클라우드로 교체하고 있다. 클라우드 기반 인프라 서비스(IaaS, Infrastructure as a Service)는 온디맨드(On Demend) 방식인 종량제 방식으로 제공되므로 서비스를 사용한 만큼 비용을 지불하면 된다. 사용자 입장에서는 서버 컴퓨터 개발, 운영 및 유지 보수 비용을 절감하고, 보안 등 골치 아픈 문제에서 해방된다.

기업은 클라우드에서 제공하는 SaaS(Software as a Service)를 사용해 계정 보안, 데이터 소스 처리 및 사용 기능에 접근할 수 있다. 클라우드 서버에 별도 소프트웨어를 설치, 유지 관리 및 업데이트할 필요가 없다. 클라우드의 PaaS(Platform as a Service) 기능을 통해 사용자는 웹 호스팅, 애플리케이션을 개발, 배포할 수 있다. 클라우드 컴퓨팅은 직원이 원할 때마다 스마트 장치에서 업무 정보에 접근할 수 있다. 이를 통해 접근성, 투명성 및 실시간 협업이 가능해진다.

CIO는 클라우드 서비스 전환 시 클라우드 컴퓨팅 서비스에 대해 명확히 이해한 후 활용해야 한다. 어떤 경우에는 IT 관련 운영 방식을 재구성하고, 기존 IT 시스템을 폐기한 후 새로운 기술을 사용해야 할 수도 있다.

사물 인터넷(IoT)

———

클라우드 컴퓨팅은 인터넷을 통해 언제나 데이터를 교환할 수 있는 허브를 제공할 수 있다. IoT는 인터넷과 연결된 센서 등으로부터 얻은 데이터를 교환할 수 있는 기술이다. IoT는 장치에 포함된 IP 주소를 통해 클라우드 컴퓨팅, 모바일 인터넷에 센서 기반 정보를 수신, 등록 및 전송할 수 있다.

IoT 장치는 기업이 비즈니스를 수행하는 방식에 큰 영향을 미칠 수 있다.

> IoT에서 수집되는 방대한 양의 데이터는 기업이 소비자 행동에 대한 정보에 좀 더 쉽게 접근할 수 있음을 의미한다. 이를 통해 고객을 명확히 표적화할 수 있고 스마트한 서비스를 제공할 수 있다.

IoT는 기업이 재고를 관리하는 방식을 개선할 수 있다. 특히 COVID-19 동안 가속화된 원격 작업에 대한 요구 사항을 지원할 수 있다. 예를 들어 IoT 센서와 장치는 기계 수리가 필요한 시점을 알려 주고 설비에 검사자를 파견 보낼 필요 없이 서비스할 수 있다. 물류 부문은 IoT 장치를 활용해 자산이 공급망을 통해 이동할 때 원격으로 자산을 추적할 수 있다.

IoT 지원 원격 환자 모니터링(RPM, Remote Patient Monitoring)은 의료 분야에서도 가상으로 환자를 추적하는 데 사용되고 있다. RPM 장비를 사용한 피츠버그 대학병원(University of Pittsburgh Medical Center)은 환자의 병원 재입원 부담을 76퍼센트까지 줄일 수 있었다. 이 대학의 의료 서비스는 IoT 솔루션을 활용하고 있다. 가트너(Gartner)의 설문 조사에 따르면 의료 분야 79퍼센트가 이미 프로세스에서 IoT를 사용하고 있다고 밝혔다. IT 의사 결정자의 거의 절반(49퍼센트)이 IoT가 기업 조직에서 더 많이 사용될 것이라 예측했다.

5G 기술

———

캡제미니 연구소(Capgemini)의 보고서에 따르면, 경영진의 75퍼센트가 5G 기술을 디지털 전환의 핵심 요소로 언급했다. 5G는 훨씬 더 많은 장치를 인터넷 네트워크와 연결할 수 있게 한다. 이 기술은 현재보다 최대 100배 빠른 다운로드 속도를 제공한다. 5G는 대용량 데이터 실시간 네트워킹이 필요한 가상 엔터테인먼트, 무인 자율 주행, 디지털트윈, 메타버스 분야가 크게 성장할 인프라가 된다.

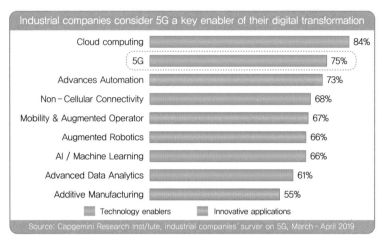

디지털 전환 주요 기술 조사 중 5G(Capgemini Research Institute, 2019)

소셜 미디어

소셜 미디어는 사람들이 의사소통하고, 정보를 공유하고, 여가 시간을 보내고, 일자리나 네트워킹 기회를 찾는 방식을 변화시켰다. COVID-19 동안 소셜 미디어 사용량은 크게 늘어났다. 페이스북(Facebook)과 같은 소셜 미디어 회사는 비즈니스 환경에서 큰 영향력을 행사하고 있으며 일반적으로 사용되는 디지털 변환 도구 중 하나가 되었다. 지난 몇 년 동안 젊은이들의 틱톡(TikTok), 스냅챗(Snapchat)과 같은 채널 사용량은 페이스북, 트위터 및 인스타그램을 추월했다. 이는 소셜 미디어 시장이 얼마나 경쟁이 치열한지를 보여준다.

인공지능(AI)

인공지능(AI)은 경쟁력을 유지하려는 비즈니스에 필수이다. 인공지능이 제공할 수 있는 기회는 무궁무진하다. 인공지능은 사람보다 빠르게 데이터를 처리, 분석할 수 있는 기술이다.

> 인간의 두뇌가 경험에서 학습하는 것과 같은 방식으로 인공지능 소프트웨어도 머신러닝(ML, Machine Learning)을 사용해 데이터 패턴을 파악하고 사람이 작업하는 것처럼 데이터를 자동 분류하거나 예측할 수 있다.

인공지능은 챗봇 등을 이용해 소비자와 소통하고 비전(Vision) 기술로 자율 주행 차량이 장애물을 피해 목적지까지 운전해 갈 수 있도록 한다. 향후 몇 년 동안 인공지능의 수많은 하위 분야는 디지털 전환 프로젝트에서 핵심적으로 사용될 것이다.

대화형 인공지능, 챗봇 및 자연어 처리

자연어 처리(NLP, Natural Language Processing)는 컴퓨터가 음성과 텍스트 같은 인간 언어 이해를 목적으로 하는 인공지능의 한 분야이다. 이 기술은 특히 챗봇에 유용하다. 머신러닝과 자연어 처리를 사용해 연중무휴 24시간 고객 질문에 응답하고 필요한 작업을 수행한다.

대화형 인공지능 챗봇은 사람의 개입을 없애기 위해 반복적인 작업을 자동화하는 프로세스 접근 방식이다. RPA(Robotic Process Automation, 로봇 프로세스 자동화)와 잘 결합된다. 챗봇 사용은 뉴노멀 이후 더욱 증가했다. 고객 질문은 24시간 언제 어디서나 해결할 수 있다. 기본적인 온라인 상담, 의료 진단 및 관리 기능을 제공해 금융, 의료 분야의 디지털 혁신을 지원할 수 있다. 전자 상거래, 통신, 제조 및 여행 산업도 챗봇을 통해 구매, 여행 일정 관리, 고객 문의 및 기술 지원을 수행할 수 있다. 챗봇 시장의 선두를 차지하고자, 페이스북은 2021년 한국어를 포함한 전 세계 101개국 언어를 학습할 수 있는 FLORES-101 데이터를 오픈소스로 공개했다.

챗봇 같은 대화형 인공지능 플랫폼은 고객 경험을 개선하고, 디지털 비즈니스에 중요한 핵심 부분으로 자리한다.

API(Application Program Interface)

인터넷 웹은 기업 간의 연결성을 혁신시켰다. 오늘날 API도 연결성에 큰 영향을 미치고 있다. API는 응용 프로그래밍 인터페이스로 서비스를 개발할 때 필요한 다양한 기능을 제공하는 인터페이스이다. API를 사용하면 클라우드 시스템, 모바일 장치와 사물 인터넷이 서로 통신하고 데이터를 공유할 수 있다. 예를 들어 유튜브 비디오를 다른 웹사이트에 게시하거나 챗봇 또는 가상 비서가 타사에서 구현한 기술을 사용하고 통합할 수 있다. 기업은 옴니채널 기능을 원하는 고객에게 API를 사용함으로써 경쟁력을 차별화할 수 있다.

블록체인과 스마트 계약

블록체인은 금융 거래 처리 방식을 파괴적으로 변화시킬 수 있다. 기존 은행 비즈니스 방식에 큰 영향을 미치기 때문에 금융 업계에서 블록체인은 가장 신경 써야 할 시장 파괴자 중 하나이다. 블록체인은 중요한 데이터를 분산원장에 분산하여 신뢰성을 확보한다.

은행은 블록체인의 분산성, 보안성, 투명성, 불변성의 경쟁력을 고려해 비즈니스 모델을 변경하고 새로운 가치를 제안할 필요가 생겼다. 블록체인과 관련된 국제표준이 진행되고 있고, 이 기술을 기반으로 한 계약 체계인 스마트 계약이 플랫폼화되고 있다. 블록체인은 메타버스에서 아바타 간 데이터 교환, 서비스 거래 등의 신용을 보증하는 도구로도 사용되고 있다.

가상현실, 증강현실 및 메타버스

가상현실은 게임 및 엔터테인먼트 산업에 맞춰져 있지만, 이 기술은 점차 더 많은 사람들에게 확산되고 있다. COVID-19 결과로 많은 사람들의 이동과 만남이 제약됨에 따라 기업은 이러한 기술을 사용해 결핍된 이동과 소통을 해결할 솔루션을 찾기 시작했다.

부동산 분야에서는 가상현실을 사용해 시공될 건물을 미리 확인해 보는 가상투어를 제공하는 업체들이 생겨났다. 부동산을 온라인으로 사람들에게 보여주는 부동산 중개인, 고객에게 온라인으로 제품을 보

블록체인 기반 디센트럴랜드 가상현실 플랫폼(Decentraland)

여주는 판매자들이 많아지고 있다.

교육 및 채용 절차에서도 가상현실을 이용해 물리적인 오피스 점유 및 지원 직원 인건비 등을 줄여나가고 있다.

가상현실은 메타버스를 구현하는 도구이다. 엔터테인먼트 분야에서 사람들이 메타버스에 머무는 시간이 점점 늘어나면서 전시나 공연, 쇼핑 등 경제 활동을 가상세계에서 시도하고 있다. 이로 인해 메타버스 부동산에 투자하는 펀드까지 개발되었다.(조선일보, 2021, 8뗠지 '디지털 땅'이 16억 원… 메타버스 가상세계도 부동산 열풍) 이 펀드는 디센트럴랜드(Decentraland), 더 샌드박스(The Sandbox), 크립토복셀(Cryptovoxels), 솜니움 스페이스(Somnium Space) 등에서 호텔, 상점을 지어, 아바타들이 오가는 공간의 유동인구 등을 계산해, 자산가치를 책정하고, 현실처럼 고객에게 3차원 공간으로 모델링된 부동산 상품을 판매한다.

07

Step by Step. 작게 시작해보기

성공적인 디지털 전환을 원한다면 화려한 기술에 현혹되기보다 달성하고자 하는 비즈니스 가치와 목표를 먼저 고민하는 것이 중요하다. 목표 달성에 필요한 디딤돌이 무엇인지 생각해보는 것이 그다음 순서일 것이다.

> 디지털 전환을 결정하기 전에 조직의 비전, 전략, 문화를 살펴볼 필요가 있다. 여러분이 속한 일하는 문화가 디지털을 사용한 적이 없거나 거부감이 있다면 이를 먼저 해결할 방법을 생각해보는 것이 첫 번째 단추가 될 수 있다.

디지털 기반 비즈니스가 성공하려면 명확한 비전과 전략을 수립하고 디지털 방식으로 작업하도록 환경을 만든 후 데이터 기반 의사 결정 방법이 어떤 의미가 있는지를 토론할 필요가 있다. 이때 중요한 것은 디지털 전환이 여러분의 비즈니스에 도움이 되어야 한다는 것이다. 명확한 목표가 없다면 전략을 얻기 어려울 뿐만 아니라 조직원을 설득해 문화를 변화시키는 것은 더욱 힘들다.

모든 일에는 순서가 있다. 값비싼 기술을 사람들에게 던져준다고 해서, 디지털 전환은 저절로 실행되지 않는다. 디지털 트랜스포메이션 기술을 도입하기 전에 우리는 무엇을 생각해 보아야 할까? 다음은 일반적인 디지털 트랜스포메이션 실행 단계를 보여준다.(Niall McKeown,2020, A step by step guide to digital transformation, ionology)

첫째, 디지털 트랜스포메이션 전략 및 문화 조사와 개발. 전략이 없으면 비즈니스 문화는 디지털로 전환되지 않는다. 기업에 맞는 전략과 문화를 조사하고 개발해야 한다.

둘째, 직원 및 고객 참여. 종종 디지털 전환은 내외부의 저항에 부딪친다. 진지하게 변화해야 할 이유와 변화 과정을 생각해보고 각 개인의 역할을 명확히 제시할 수 있도록 해야 한다. 이런 방식으로 저항에 효과적으로 대응할 수 있다.

셋째, 프로세스 혁신 정의와 개선이다. 지속적으로 진화하는 방식의 프로세스와 명확한 혁신 방안이 없으면 비즈니스는 일관성 없는 혼돈 상태가 된다.

넷째, 디지털 기반 비즈니스. 기술은 혁신의 주요 도구다. 다만, 경쟁 우위 요소는 기술이 아닌 비즈니스 전략에 의해 만들어진다는 점을 이해해야 한다.

다섯째, 데이터 분석 및 활용. 디지털 시대 비즈니스는 방대한 양의 데이터를 분석한다. 이 능력이 없으면 기업의 의사결정은 오직 감과 경험으로 진행해야 하기 때문에 디지털 전환된 데이터는 기업의 중요한 자산이 될 수 없다. 디지털 혁신의 여정을 시작하려면 기업과 조직이 데이터 가치와 활용 전략을 개발해야 한다.

디지털 전환은 단순히 첨단 기술을 도입해 사람들 앞에서 첨단 기술을 보여주기 식으로 쇼하는 것이 아니다. 디지털 전환은 비즈니스 어디서 수익이 만들어지는 지에 대한 질문이 항상 중심에 있어야 한다. 다음은 디지털 전환의 가치가 어디에 있는지 검토할 수 있는 디지털 비즈니스 가치 체크 리스트이다.

1. 가치 – 당신이 제공할 서비스는 고객에게 무슨 이익을 주고 있는가?
2. 고객 – 고객 규모와 특징은 무엇인가?
3. 시장 – 시장에서 경쟁자는 누구이고, 그들이 이익을 얻는 이유는 무엇인가?
4. 자원 – 비즈니스 전략 실행에 필요한 시간, 인적 자원 및 현금은 얼마나 있는가?
5. 현재 위치 – 현재 비즈니스에서 당신의 위치는 어디에 있는가?
6. 성장 엔진 – 앞으로 더 큰 가치를 얻기 위해 이동해야 할 디지털 비즈니스 지점은 어디인가?
7. 로드맵 – 현재 위치와 목표를 알았으므로 로드맵을 만든다.

디지털 전환 시 당신은 곳곳에서 암초를 만날 수 있다. 이는 함께 여행하는 팀원들과 충분히 논의해 대처해야 할 것이다. 다음은 디지털 전환 암초들의 예이다.

1. 데이터 디지털화 – 자산화는 많은 구축 및 유지 비용이 소모됨.
2. 목적성 없는 시범사업 – 비즈니스 목적성 없는 데이터 구축은 이후 작업을 쓸모없게 함.
3. 전문성 부족 – 자산화를 깊게 이해하고 있는 실무형 전문가 부족함.
4. 가이드라인 부재 – 데이터 자산화의 산업계 표준 및 지침이 부족함.
5. 데이터 오염 – 현장의 데이터 디지털화는 실외, 비정형, 노이즈 데이터가 많고, 환경 의존적이라 취득이 쉽지 않음.
6. 로드맵 부재 – 디지털화를 위한 명확한 발전 로드맵, 전략이 없음.

이런 암초들은 디지털 전환을 시작하기 전에 미리 대처할 수 있다. 다음은 대처 방법 중 일부 예시이다. 이 예시를 무조건 받아들일 필요는 없다. 미리 디지털 전환에 대한 마음의 준비가 되어 있다면, 상황에 맞게 유연히 대처하면 된다.

1. 충분한 경험이 있는 디지털 전환 리더 및 전문가 팀 구성.
2. 이해 당사자 확인, 명확한 목표, 요구 사항 분석 및 가치 확인.
3. 디지털 변환할 데이터 범위 결정.
4. 데이터 품질 및 무결성 검사와 통제 방법.

5. 데이터 디지털 변환 방법 마련.

6. 디지털 데이터 자산에 대한 보안 방안 마련.

디지털 전환 후 생성되는 데이터도 경제적 관점에서 생각해볼 필요가 있다. 비즈니스 목표와 관련 없는 아날로그 데이터를 모두 변환할 필요는 없다. 다음은 데이터 양과 관리 비용 간의 관계를 보여준다.

관리해야 할 디지털 데이터 양이 늘어나면 관리 비용은 지속적으로 증가한다. 이는 하나의 예에 불과하다. 우리는 디지털 전환 전략 실행 전에 적절한 타협점(tradeoff)을 찾아야 한다.

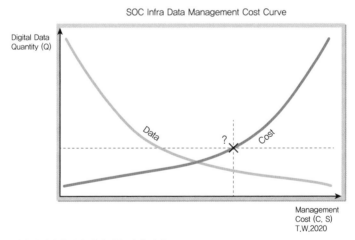

디지털 데이터 양과 관리 비용 간의 관계

Part. 02

실천 전략

01

성공적인 디지털화를 위한 실천 전략

　디지털 전환은 디지털 기술을 활용해 기업 효율성을 높여 시장 요구 사항을 충족시킨다. 디지털 전환은 비즈니스 모델, 내부 프로세스, 조직 문화 및 고객 경험을 재정의하기 위한 투자와 혁신이다.

　　디지털 전환은 기술을 사용해 프로세스를 다시 개발해 보다 효율적이 되도록 하는 방법으로 정의한다.(Tech Republic) 기존 서비스를 디지털 버전으로 단순히 바꾸는 것이 아니라 개선하는 것이다.

　디지털 전환에 대한 많은 정의는 고객의 중요성을 강조한다. 경쟁이 치열한 시장에서 소비자는 다양한 서비스를 선택할 수 있다. 기업은 브랜드에 고객을 참여시키고, 회사와 관계를 밀접하게 만들어 충성도를 유지하는 데 초점을 맞춰야 한다. 이를 위해서는 제품 및 서비스포트폴리오를 재구성하고, 이에 따라 프로세스를 재정렬해야 하며 관련 기술을 플랫폼화해야 한다. 인력도 재교육하고 최종 목표를 달성하기 위한 새로운 디지털 문화를 조직에 주입해야 한다. 이를 위해서는 기술 못지않게 실천 전략이 중요하다.

기업은 실패를 성공의 전제 조건으로 인정해야 한다. 예를 들어 구글과 애플은 웨어러블(Wareable) 컴퓨팅 기술을 시장에 출시할 때 위험을 감수했다. 일부 기업은 거의 10년 동안 사물 인터넷(IoT)에 투자해 왔지만 영향력이 커지는 것은 이제야 시작되었다. 마찬가지로 챗봇은 수년 동안 존재했지만 COVID-19 상황에서 사람들의 관심을 얻고 인기를 끌게 되었다.

기업의 규모에 따라 성공률도 천차만별이다. 직원이 100명 미만인 조직은 직원이 5만 명 이상인 조직보다 성공적인 디지털 전환을 수행할 가능성이 최대 2.7배 더 높다. 소규모 기업의 문화는 변화하기가 더 쉽기 때문이다.

그럼, 디지털 전환 실천 전략은 어떤 단계로 수립하는 것이 좋은지 확인해 보자.

02

새로운 고객 경험 만들기

고객 경험과 비즈니스 전략

디지털 전환의 기본을 결정할 때 고객 중심의 비즈니스 전략을 수립하는 것이 중요하다. 고객 경험은 디지털 전환 이니셔티브의 주요 목표다. 시장에는 제품이 서로 다른 기능으로 경쟁할 수 있었던 시대가 있었지만 현재는 소비자가 접근할 수 있는 광범위한 대안들이 있다.

고객 경험은 브랜드의 가장 큰 차별화 요소가 되었다. 소비자는 더 이상 가격이나 제품 기능에 충성하지 않는다. 디지털 기술을 통해 기업은 소비자 행동과 선호도를 이해하고 제품과 판매 방식을 개인화할 수 있다.

Matista사의 조사에 따르면, 브랜드와 감정적으로 연결되어 있는 소비자의 경제적 가치는 그렇지 않은 경우보다 보통 2배 이상 높았다.

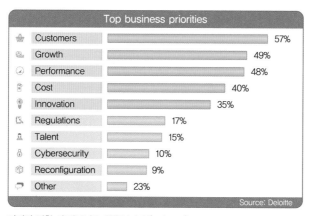

Annual spend with a brand	Satisfied customers	Emotionally Connected Consumers	Emotional Connecton Lift
Apparel	$275	$699	2.5×
Department Stores	$285	$555	2×
Discount Big Box Stores	$760	$1,192	1.6×
Footwear Retail	$104	$211	2×
Home Goods	$362	$733	2×
Luxury Goods	$699	$1,423	2×
Office Supplies	$298	$400	1.3×

Source: Matista Inc

브랜드와 연결된 소비자의 제품 구매액 분석(Matista)

Top business priorities

⭐ Customers		57%
📈 Growth		49%
⏱ Performance		48%
🏦 Cost		40%
💡 Innovation		35%
📑 Regulations		17%
👤 Talent		15%
🔒 Cybersecurity		10%
📦 Reconfiguration		9%
💬 Other		23%

Source: Deloitte

디지털 전환 시 비즈니스 최우선 순위(Deloitte)

원활한 고객 경험을 제공하려면 프로세스와 기술을 업그레이드해야 한다.

디지털 트랜스포메이션 과정이 고객 경험에 집중하는 것은 선택이 아니라 필수이다. 딜로이트(Deloitte) 보고서에 따르면 CIO의 57퍼센트가 고객을 비즈니스 최우선 순위로 꼽았다. 가트너(Gartner)의 연구에 따르면 89퍼센트의 기업이 이러한 고객 경험을 기반으로 경쟁한다고 응답했다.

많은 사람들이 집에 갇혀 온라인 구매를 함에 따라 고객 서비스 센터의 부담이 증가했다. 고객 경험은 이탈 고객이 생기지 않도록 사전 예방적이어야 한다. 고객의 이야기를 경청하고, 고객이 원하는 것이 무엇인지 예측하는 것이 중요하다.

개인화된 오퍼링(Offering)은 고객 경험의 필수 요소이다. 예를 들어 온라인 음악 채널 스포티파이(Spotify)는 최근 트렌드를 기반으로 개인화된 음악 재생 목록을 만들고 유사한 밴드와 장르의 음악을 제안한다.

스포티파이의 개인 맞춤 서비스는 전 세계 사용자 청취 데이터를 축적해 분석한 것이다. 이 회사는 인공지능 기술을 접목하면서, 오디오 음원 업계의 연구센터라는 평을 듣고 있다. 넷플릭스(Netflix)는 사용자에게 적절한 시간에 적절한 콘텐츠를 제공하기 위해 개인화된 추천 서비스를 수행한다. 고객 습관과 시청 제목에 대한 빅 데이터 분석을 통해 넷플릭스는 각 사용자가 과거에 본 장르, 배우 및 영화에 따라 다른 포스터를 제시한다.

디지털 혁신과 더 나은 고객 경험 사이에는 상관관계가 있다. 우리는 스포티파이와 넷플릭스가 어떻게 고객 경험을 변화시키는 시장 파괴자였는지를 기억해야 한다. 음악 및 영화의 선호도를 감지하는 알고리즘은 CD 및 DVD 시대에서는 사용된 적이 없었다.

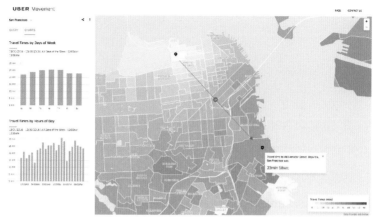

차량 위치 및 주행 정보 기반 빅 데이터 분석(Uber)

거의 모든 디지털 서비스는 고객 습관을 더 잘 이해하기 위해 유사한 전술을 사용한다. 고객이 개인화된 정보를 요구하는 것은 이제 일반적이다. 소비자들은 소유보다 경험을 중시한다. 이들은 모바일 중심적이며 추천이 개인적으로 좋아하는 방향으로 제안되기를 기대한다. 에어비앤비(Airbnb) 및 우버(Uber) 같은 디지털 회사는 고객의 불만과 고통에서 오는 기회를 잘 활용해 크게 성공했다.

회사의 고객 경험은 비즈니스 전략에 깊이 뿌리를 두고 있고, 기술 투자는 소비자가 구매까지 이르는 과정을 가능한 단순하게 만드는 데 초점을 두어야 한다.

고객이 제품을 구매할 때 결정을 내리는 방식과 사용하는 기술은 기업이 서비스를 시장에 출시하는 방법과 배포하는 기술, 도구, 인프라 결정에 영향을 미친다.

디지털 전환이 고객 경험을 개선할 수 있는 방법은 무엇일까?

개인화된 설정

—

현 시대, 고객이 개인화된 경험을 요구한다는 것은 분명하다. 소비자의 76퍼센트가 기업이 자신의 요구와 기대를 이해하기를 원한다. 이는 브랜드가 적시에 서비스를 제공하고 미리 추천해 고객 요구 사항을 예상해야 함을 의미하다. 이것은 단순 판매 이상으로 교차 판매를 가능하게 한다.

고객의 49퍼센트는 브랜드의 개인화된 추천으로 인해 당시 구매할 의도가 없었던 제품을 구매했다. 수집된 방대한 양의 데이터를 올바르게 사용한다면 이 과정을 훨씬 더 쉽게 만들 수 있다.

맥킨지는 수집된 데이터의 1퍼센트만 제대로 사용된다고 설명하면서 데이터의 잠재력을 기업의 귀중한 자산으로 전환하는 것이 중요하다고 언급했다.

옴니채널

—

요즘 기업은 광범위한 고객 채널을 지원해야 한다. 약한 옴니채널을 가진 기업은 고객을 평균 33퍼센트만 유지하고 있다. 소비자는 클라우드 서비스와 연결된 스마트폰, 인터넷을 사용해 제품을 구매한다. 소비자의 83퍼센트는 브랜드 구매 시 여러 채널을 오가며 제품을 평가한다는 점을 명심해야 한다. 옴니채널 기능 중 핵심은 모바일이다. 고객의 57퍼센트가 모바일 사이트 디자인이 부실한 브랜드는 이용하지 않는다. 모바일 사이트가 사용자 친화적이지 않으면 절반 이상의 고객이 브랜드를 좋아하더라도 제품 구매 페이지를 방문하지 않는다. 훌륭한 사이트 서비스를 가진 회사는 평균 89퍼센트 고객을 유지하는 것으로 나타났다.

고객 충성과 이탈 신호

고객은 보통 제품 사용 시 긍정적인 경험과 부정적인 경험을 주변 사람들과 공유한다. 한 보고서에 따르면 고객의 72퍼센트가 6명 이상의 사람들과 긍정적인 경험을 공유한다. 하지만 고객 경험이 부정적이면 13퍼센트가 15명 이상과 내용을 공유한다. 고객 3명 중 1명은 단 한 번의 부정적인 고객 경험 후 브랜드를 떠날 것이고, 92퍼센트는 두세 번의 부정적인 경험을 한 후에 완전히 브랜드를 떠난다.

이 문제를 바로잡을 수 있는 방법은 그리 많지 않기 때문에 처음부터 고객 이탈 신호가 있다면 적극 대처하는 것이 좋다.

셀프 서비스

아티피셜 솔루션(Artificial Solutions)사 조사에 따르면, 고객의 58퍼센트는 고객이 직접 직원과 소통하는 것보다 챗봇으로 서비스를 받는 것을 개의치 않는다고 응답했다. 가트너(Gartner)는 2030년까지 챗봇에 의한 고객 서비스가 급증할 것으로 예상하고 있다. 이미 2018년에 모든 고객 서비스의 약 25퍼센트가 인공지능을 통해 자동화되었다.

셀프 서비스는 조직에 많은 이익을 가져올 수 있다. 첫째, 고객 상담 전화의 60퍼센트가 반복적이고, 복잡하지 않은 업무에 대한 요청인 만큼 셀프서비스는 고객센터의 인건비를 크게 줄일 수 있다. 둘째, 기업은 데이터에 기반한 개인화된 서비스 추천을 제공할 수 있다.

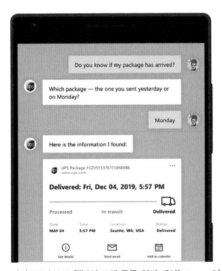

마이크로소프트 챗봇의 고객 주문 처리 예시(Microsoft)

이러한 이익을 얻고자 한다면 기존 레거시 시스템을 디지털로 교체하고, 백오피스 작업을 자동화할 필요가 있다.

신뢰와 보안

데이터는 디지털 세계에서 귀중한 자산이다. 고객은 자신의 개인 정보를 무료로 회사에 제공하는 것을 꺼려한다. 신뢰는 중요한 기업 자산이며 반드시 획득해야 하는 것이다. 고객은 자신의 데이터가 안전하다는 확신을 원한다. 기업은 해킹의 위험을 없애기 위해 적절한 보안 기술을 사용할 필요가 있다.

뉴노멀 이후 고객 경험 변화

뉴노멀은 고객이 제품을 경험하는 방식을 변화시켰다. 예를 들어 고객의 제품 구매 패턴이 바뀌었다. 대규모 실직은 사람들이 지출을 꺼리는 결과를 가져왔다. 이는 기업 간의 경쟁을 더욱 심화시켰다. 유통 채널은 온라인으로 변경되거나 재정의되었다. 고객은 디지털 채널 사용을 선호하게 되었다. 이로 인해 회사는 24시간 고객 요청을 처리할 수 있도록 고객 서비스를 자동화하고 있다. 디지털 전환에 적응하지 못한 기업은 이제 소수자가 되어 뒤처질 위험에 빠질 수 있다.

03

비즈니스 모델의 재창조

디지털 전환은 디지털 기술을 사용해 기업이 수행하는 비즈니스 모델을 재창조하는 것이다. 기업 목표 달성을 위해 디지털 기술을 최대한 활용할 때는 인재, 프로세스 및 문화에도 영향을 미친다.

기업은 투자하는 기술이 비즈니스 요구에 부합하는지 확인해야 하며, 기술에만 투자해서는 안 된다.

글로벌 조직 컨설팅 회사인 콘 페리(Korn Ferry)의 디지털 자문 리더인 멜리사 스위프트(Melissa Swift)는 많은 CEO가 디지털 기술 활용에 대해 좀 더 현실적으로 생각하면서 전략을 재조정하고 있다고 말한다. 더 나은 기술이 답은 아니다.

기업은 비즈니스 전략, 프로세스, 고객 및 직원에 초점을 맞춰 디지털 혁신을 이루기 위한 총체적인 접근 방식을 취해야 한다. 기업은 진정으로 원하는 비즈니스 모델이 무엇인지 결정해야 한다. 무엇으로 수익을 낼 것인가가 핵심이다. 기업은 사용 가능한 디지털 기술을 식별하고, 비즈니스 목표와 KPI(Key Performance Indicator, 핵심 성과 지표)에 따라 이를 적용해야 한다. 그래야만 지속 가능한 디지털 전략을 구현할 수 있다.

다음 그림은 비즈니스 최적화를 목표로 하는 디지털 비즈니스 KPI 프레임워크 예이다. 여기서는 고객 경험, 영업 및 마케팅, 운영, 작업 효율 등을 측정한다. KPI는 기업 목표, 조직 문화 등에 따라 유연히 개발, 적용되어야 한다.

기업 문화와 KPI가 정의되면 디지털 기술을 비즈니스 모델에 적용하기 위한 새로운 사고방식을 확립해야 한다.

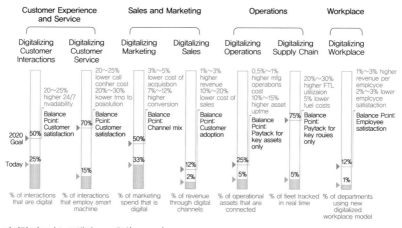

디지털 비즈니스 모델의 KPI 예시(Gartner)

CIO는 기술 요소가 회사의 목표에 기여하는 이유와 방법을 명확히 하고, 이 혁신이 어떻게 긍정적인 RoI(Return on Investment)를 제공하는지 보여줄 수 있어야 한다. 비즈니스 이점을 확인하지 않고, 최신 기술을 채택하는 것은 비용만 많이 들 뿐만 아니라 오히려 역효과만 얻는다.

모든 비즈니스가 동일한 방식으로 운영되는 것이 아니기에 동일한 디지털 기술을 적용할 필요도 없다. 일부 회사는 클라우드 솔루션에 데이터를 저장하고, 다른 회사는 IoT를 사용해 데이터를 수집한다. 소셜 미디어는 고객 피드백에 초점을 두는 기업에서 점점 더 중요해지고 있다.

BUILDING BLOCKS OF DIGITAL TRANSFORMATION

고객 경험	프로세스	비즈니스 모델
고객 이해 Analytics – based segmentation Socially – Informed knowfedge	**프로세스 디지털화** Performance improvement new features	**디지털화된 비즈니스** Performance/service augmentation transitioning physical to digital digital wrappers
판매 성장 digitally enhance selling predictive marketing streamllned customer processes	**작업 환경** working anywhere broader and faster communication community knowledge sharing	**뉴 디지털 비즈니스** digital products reshaping organizational boundaries
고객 접근 지점 customer service cross – channel coherence self servise	**성과 관리** operational transparency data – dricen decision – making	**글로벌화** enterprise integration redistrlbution decision authority shared digital services
데이터 분석	디지털화된 성능	비즈니스 IT 통합 솔루션 전달

디지털 트랜스포메이션 구성 요소(Hellosign, OpenSense Labs)

디지털 시대, 대부분의 기업에는 공통적인 목표가 하나 있다. 바로 고객 참여를 높여 사용자에게 개인화된 제품이나 서비스를 제공하는 것이다. 이는 COVID-19 기간 동안 더욱 분명한 트렌드로 자리 잡았다. 오늘날 디지털 혁신을 제공하는 것은 아날로그 프로세스를 디지털화하는 것 이상이다. 처음에는 파일 캐비닛을 하드 디스크로 교체하는 것 같이 시간 및 비용을 절약하는 경우였지만, 지금은 디지털 기술을 사용해 더 나은 새로운 비즈니스 모델을 만들 수 있다.

혁신과 전략은 디지털 혁신의 분명한 요소이다. 기업에서 문화적, 전략적 변화를 구현할 때, 가장 큰 영향을 미칠 세 가지 중심 요소가 있다. 이는 고객 경험, 프로세스 및 비즈니스 모델이다.

첫째, 고객 경험은 브랜드 충성도를 유지하기 위해 고객과 상호 작용하는 관계를 구축하는 데 중점을 두는 핵심 자산이다. 고객과 소통하는 것은 사람과 사람이 말하는 것 이상이 되었다. 이제 사람들은 기계와 대화하고, 기계는 다양한 채널을 통해 다른 기계와 통신한다.

둘째, 운영 프로세스의 재구성은 협업, 지식 공유 및 디지털화를 촉진한다. 운영 프로세스는 데이터 기반 의사 결정의 영향을 받아 진화되고 있다.

셋째, 비즈니스 모델은 새로운 서비스가 고객에게 제공될 수 있도록 변화될 수 있다.

의미 있는 디지털 혁신은 혼자서는 달성할 수 없다. 만약, 회사가 복잡한 디지털 프로젝트를 능숙하게 실행하는 데 필요한 전문가나 네트워크가 사내에 없는 경우, 기업은 디지털 기술을 결합한 파트너를 찾아 솔루션을 더 빠르게 구현할 수 있을 것이다.

04

디지털 혁신의
리더

지금까지 살펴본 바와 같이 디지털 혁신을 주도하는 것은 기술이 아니라 전략이다. 효율적인 디지털 혁신 전략은 올바른 목표에 있다. 이러한 변화를 계획하고 감독하는 책임은 누구에게 맡겨야 하는가?

> 디지털 전환은 최고 경영진의 비전에 따라 주도되는 하향식 이니셔티브와 수평적 팀 소통의 조합이 좋다. 디지털 혁신은 최고 경영진의 리더십이 필요하다. 폐쇄적인 사일로(Silo) 환경에서는 성공적인 디지털 전환은 불가능하다.

디지털 혁신은 고객 중심 문화에 중점을 두고 강력한 리더십과 변화를 관리하는 능력이 필요하다. 이러한 리더는 디지털 기술에 정통하고 새로운 도구에 대한 명확한 이해가 있어야 한다. 기존 매체나 디지털 채널을 통해 의사소통할 수 있는 능력이 있어야 하고, 사람들이 새로운 방식으로 일할 수 있도록 권한을 부여할 수 있어야 한다. CIO는 기업 내에서 IT 시스템과 BI 이니셔티브를 실행하고, 비즈니스에 실제로 필요한 데이터와 정보를 제공하는 사람이다. 회사 비즈니스 지식과 기술을 바탕으로 경영진 수준의 내부 문화를 충분히 만들 수 있어야 한다.

미래 인력 역량 개발

CIO가 집중해야 하는 핵심 업무를 확인해보자. 디지털 혁신의 성공을 위해서는 혁신을 실행할 인재와 기술을 개발해야 한다. 이를 위해서는 직원의 역할과 책임을 재정의하고 팀을 만들어 새로운 목표에

디지털 혁신의 성공을 위한 디지털 조직 문화 정착

부합하도록 지원해야 한다. CIO는 사내 디지털 문화 확산과 디지털 전환에 대한 공감대 형성을 위한 커뮤니케이션 능력, 인적 자원 관리 능력을 갖추어야 한다. 사내 디지털 인재를 키우고자 하는 기업은 학습 프로그램을 맞춤화해야 한다. 또한 팀이 더 높은 가치와 전문 지식에 집중할 수 있도록 사내의 비효율적인 반복 작업을 찾아 자동화하는 문화를 권장해야 한다.

직원에게 권한 부여

직원에게 기존 업무 방식을 개선하도록 독려하는 것은 쉽지 않다. CIO는 직원이 새로운 아이디어를 실험하고 미래로 이끌 새로운 방법을 찾도록 격려해야 한다.

> 의사소통은 조직의 저항을 줄이고, 변화를 주도하는 데 가장 중요한 요소이다.

사람이 어떤 기술보다 더 큰 장애물이 될 수 있기 때문에 내부 소셜 채널, 웨비나(Webina), 커뮤니티, 포럼, 블로그 등과 같이 커뮤니케이션 채널을 적극 활용해 전자 메일을 넘어서는 전사적 커뮤니케이션을 실행할 필요가 있다.

디지털 거버넌스 및 KPI 수립

———

CIO는 진행 상황을 모니터링해 결과를 측정하고 관리해야 한다. 리더는 비즈니스 목표와 정렬된 KPI를 설정해야 한다. CIO는 새로운 수익 기회를 찾고 디지털 혁신에 대한 RoI(Return on Investment, 투자수익률)를 측정해 기업 수준에서 가치와 비용이 연결되도록 해야 한다.

뉴노멀 시대 원격 근무

디지털 도구 및 인프라 제공

———

디지털 도구와 인프라는 모든 직원이 액세스할 수 있어야 한다. 이런 기술은 현재 시장 요구 사항과 일치해야 한다. COVID-19로 인해 원격 작업이 많아지면서 수많은 직원들이 새로운 근무 조건에 직면하게 되었다. CIO는 직원이 재택근무를 좀 더 쉽게 할 수 있게 하고, 고객은 충분한 서비스를 제공받을 수 있도록 디지털 인프라를 개발할 책임이 있다.

고객과 직원 참여

고객의 참여와 경험은 브랜드 충성도를 유지하는 데 매우 중요하다. CIO는 고객이 구매 결정을 내리는 방법, 고객이 사용하는 기술, 회사에서 이를 사용해 서비스를 개선하는 방법을 명확히 이해해야 한다. 이제 사무실 공간도 디지털화되고 있다. 직원 사무를 지원하는 디지털 커뮤니케이션, 직원 포털, 클라우드 스토리지, 온라인 교육 도구는 디지털화된 사무실을 구현하는 데 중요한 부분이 되었다.

비즈니스 가치 변화 관리

초기에 기업은 차별화된 기능을 제품에 부여하고, 시장에서 자신을 포지셔닝한 후, 제품을 최적화하기 위해 노력했다. 디지털 시대는 동일한 방식의 가치 전달은 더 이상 충분하지 않다. 현재는 끊임없이 변화하는 고객의 요구 사항에 따라 비즈니스 가치가 재정의되어야 한다. CIO는 새로운 기술이 어떻게 새로운 비즈니스 모델을 창출하고, 기업이 새로운 수익 기회를 찾을 수 있는지 탐색해야 한다. 기업은 시장 변화에 신속하게 대응하고, 새로운 제품을 신속하게 출시해야 한다.

인공지능 및 데이터 활용

CIO는 좋은 고객 경험을 지원하는 아키텍처를 구축할 책임이 있다. 이를 위해 고객을 더 깊이 이해해야 한다. 인공지능은 많은 비즈니스의 디지털 혁신에서 중요하게 다뤄질 것이다. 인덱트 상황에서 일부 기업이 원격으로 고객 요구를 충족시키기 위해, 많은 기업이 업무 자동화 또는 셀프 서비스 모델을 구현하는 데 집중하고 있다. RPA, 챗봇을 사용하면 고객이 직원과 직접 대화하지 않고도 원하는 것을 얻을 수 있다. 이런 기술을 통해, 직원은 좀 더 전문적이고 분석적인 작업에 집중할 수 있다.

사이버 보안 및 정보 보안 설정

기업이 온라인으로 전환함에 따라 사이버 보안은 매우 중요해졌다. CIO는 정보를 보호하는 정책을 개발하고 실행할 책임이 있다. 운영 체제, 고객 데이터, 클라우드 서비스 등도 보안에 포함된다. 뉴노멀로 인해 많은 사람들은 집에서 일하고, 원격 진료를 선택하고, 원격 학습과 온라인 개학을 경험했다. 민감한 주제가 포함된 미팅이 화상회의를 통해 진행될 수 있다. 뉴노멀은 온라인에서 많은 시간을 보내도록 유도하여, 사이버 범죄 기회를 제공한다. 이미 많은 사람들이 멀웨어, 스팸 이메일, 피싱, 악성 웹사이트, 랜섬웨어, DDoS 공격, 악성 소셜 미디어 메시징 등을 경험하고 있다. 미국의 경우, 정부 시스템에 사용된

소프트웨어가 멀웨어에 감염되어 1만 8,000개 조직이 큰 피해를 입은 바 있다. 그 이후 바이든 대통령 권한으로 디지털정보 보안 가이드라인을 마련하도록 지시했다.(솔라윈즈 및 공급망 해킹 사건, 2021) 현재의 보안정책은 중요 데이터에 접근하는 모든 사람, 소프트웨어 및 하드웨어를 포괄해야 한다.

기업 위험 최소화와 생산성 극대화

CIO는 IT 문제가 조직의 평판에 큰 피해를 줄 수 있음을 알고 있다. 기업 전체의 위험을 관리하기 위해, 수많은 평가를 수행해야 한

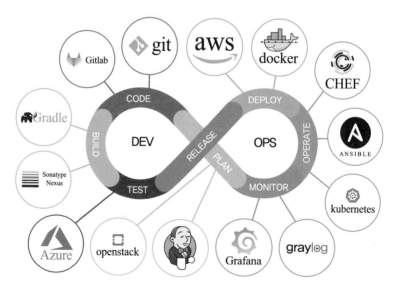

DevOps팀이 활용할 수 있는 디지털 기술 예시(Anastasia Kulyk, 2019, What is DevOps and where is it applied?)

다. CIO는 조직에서 IT 역할을 이해하고, 조직의 시스템이 법적 규정을 준수할 수 있도록 해야 한다. CIO는 디지털 혁신 결과가 생산성을 극대화하도록 해야 한다. 이를 이해, CIO는 고객 소통 채널 개선을 포함해, 엔터프라이즈 아키텍처 설정, DevOps(Development + Operations, 개발 및 운영) 팀에 지침 제공, 보안 등을 고민해야 한다. 예를 들어, DevOps 팀은 회사 디지털 기술 개발 및 운영을 지원하므로, 이들이 사용하는 기술과 업무 문화가 잘 조정되어야 한다.

파트너십 탐색 및 구축

CIO는 혁신적인 기술을 보유한 기업과 새로운 파트너십을 탐색할 수 있다. 모든 디지털 기술과 비즈니스 모델을 기업 혼자서 담당하기는 어렵다. 핵심 역량과 아웃소싱 부분을 검토하고, 적절한 파트너십을 통해 대규모 투자에 따른 위험을 회피할 수 있다. 만약, 디지털 전환 시 인공지능이나 디지털 트윈 개발팀을 고용하고자 한다면, 담당자는 정확한 직무 기술서를 작성하기 위해, 대학원을 다녀야할지 모른다. 디지털 혁신은 다루기 힘든 여정이다. 디지털 전환의 모든 것을 단독으로 진행할 수는 없다. 서로 시너지 효과를 낼 수 있는 파트너십과 네트워킹은 이런 인식을 바탕으로 한다.

05

디지털 전략과 실행을 위한 안내

> 디지털 전환 단계는 석판에 기록되어 있는 것이 아니다.

개별 기업마다 디지털 전환 비즈니스 전략이 무엇인지, 목표, 인프라 및 문화를 어떻게 조율할지 생각해야 한다. 성공 사례가 참고는 될 수 있지만 그대로 따라한다고 해서 여러분의 기업이 성공을 보장하지는 않는다. CIO는 디지털 혁신을 위한 명확한 비전과 전략을 가지고 있어야 한다. 이러한 전략에는 심층 분석, 위험 평가 및 예산 조정이 필요하다.

기업은 먼저 디지털 트랜스포메이션 전략 정의를 수립해야 한다. 전략은 비즈니스가 디지털 경제에서 기업이 어느 위치에 자리를 잡아야 하고, 고객의 구매 습관을 고려한 어떤 디지털 기술을 채택하며, 시장에서 경쟁력을 유지하기 위해 기업 운영 및 비즈니스 모델을 혁신하는 방법을 포함해야 한다.

디지털 혁신 전략 계획은 현재 비즈니스가 속해 있는 시장의 포지션과 미래의 원하는 위치, 목표 달성을 위한 계획을 포함한다. CIO는 비즈니스 프로세스, 우선순위에 대해 충분히 식별하고, 강점을 활용하고 위험을 완화하는 방법을 알고 있어야 한다.

현재 비즈니스 진단 및 평가

전략을 개발할 때 취해야 할 몇 가지 단계가 있다. CIO는 현재 기업의 상태를 진단해 시작하는 지점을 확인하고 기업을 발전시키기 위해 수행해야 할 작업을 식별해야 한다. 또한 현재 시장 환경이 어떤 모습인지 확실히 이해해야 한다. 이는 레거시 비즈니스, 운영 프로세스, 기업 문화를 파악해 목표로 하는 디지털 혁신과의 격차를 식별해야 한

갭 분석(BuzzAnalysis, 2016, What and How? – All You Need To Know)

다는 것을 의미한다. 이를 갭(Gap) 분석이라 한다.

시스템에 대한 전체적인 진단 없이는 기업의 일부 부분만 디지털화될 것이다. 디지털 일관성을 지탱하는 기준이 없다면 비즈니스는 기존 상태 이상의 가시적 결과로 이어지지 않으며, 디지털 혁신 프로젝트는 실패할 것이다. 적절한 진단은 CIO에게 기업이 처한 현재 상황과 새로운 목표 달성하기 위해 극복해야 할 과제에 대한 통찰력을 제공할 수 있다.

목표 설정

디지털 비즈니스 목표가 무엇인지 명확하게 이해하는 것은 중요하다. 목표와 결과를 확인하는 것은 진단 과정의 일부이다. CIO는 기업의 현재 위치를 이해함으로써 미래를 내다보고 디지털 혁신에서 이정표 역할을 할 목표와 성과를 계획할 수 있다.

주주와 경영층 설득

디지털 비즈니스 혁신 전략을 어떻게 발전시켜야 하는지 아는 것은 고위 경영진과 이해 관계자가 변화에 동의하도록 이해시키는 데 매우 중요하다. 디지털 전환은 가볍게 생각할 수 없다. 비즈니스의 모든 부분에 영향을 미치므로 모든 주요 의사 결정자는 전략을 지원하고 회사 비전을 공유해야 한다. 이는 기업의 모든 직원에게 적용된다.

자원 확보

CIO는 디지털 혁신 전략을 실행하는 데 필요한 예산 및 자원을 확보하는 것이 중요하다. CIO가 전략적 목표를 설정한 후 다음 단계는 회사의 목표, 예산 및 인프라에 맞는 최상의 디지털 플랫폼을 검토하고 선택하는 것이다. 플랫폼은 비즈니스를 개선하고, 더 나은 고객 경험을 제공하며 기능은 확장 가능해야 한다.

로드맵 개발 및 실행

CIO는 설정된 목표를 달성하는 데 도움이 되는 전략적 로드맵을 작성할 수 있다.

로드맵에는 기업의 일관된 실천 계획, 직원 기술 재교육, 새로운 인재 모집, 인프라 재구성하는 방법에 대한 평가가 포함되어야 한다. 이와 함께 CIO는 KPI를 측정하고 결과를 얻을 때까지 필요한 시간을 결정하는 타임라인을 설정해야 한다. 로드맵은 결과가 기준에 미치지 못할 경우 조정할 수 있도록 유연해야 한다.

실행 결과 측정

로드맵에 따라 디지털 전환을 수행하고 플랫폼을 구축한다. 그 결과가 기업의 비즈니스 요구 사항을 충족해야 한다. 이를 위해 앞서 정

의한 KPI를 측정하고, 그 결과를 경영진과 직원들과 공유한다. 이들로부터 피드백 받은 정보는 문제점을 발견하고 플랫폼을 개선하는 데 큰 도움이 될 수 있다.

다음은 디지털 전환 단계를 실행하는 과정에서 필요한 팁이다.

1. 비즈니스 모델과 효율성을 개선하는 동시에 고객에게 더 가까이 다가 갈 수 있는 기술에 투자한다.
2. IT 시스템을 최대한 활용할 수 있도록 개발 팀을 구성하고 연구한다.
3. 고객 데이터를 활용하여 패턴과 추세를 분석한다.
4. 확장성을 제공하면서 다른 디지털 채널과 통합할 수 있는 플랫폼을 만든다.
5. 레거시 프로세스는 피하고, 직원이 디지털 혁신을 수용하도록 교육한다.

디지털 전환은 각 기업 목표와 조직문화에 맞게 진행해야 한다. 전사적인 자원 투입이 항상 성공을 보장하지는 않는다. 이해하지 못하는 디지털 기술은 작게 테스트해보고 하나씩 이해해 나가는 작은 접근이 필요할 수도 있다. 직접 소화하지 못하는 기술은 급하게 사용하지 말고 자체나 외부 전문가의 도움을 받아 사용자의 입장에서 기술에 접근할 필요가 있다.

06

로드맵 개발과 실행

최근 맥킨지 설문조사에 따르면 B2B 고객의 3분의 2가 제품 구매 시 원격 인력 지원 또는 디지털 서비스를 선호하는 것으로 나타났다. 모든 기업이 디지털 전환에 성공한 기업을 그대로 따라한다고 해서 성공에 이르는 것은 아니다. 예를 들어 오프라인에서 온라인으로 제품을 팔고 싶은 기업은 유통업체, 물류 제공업체를 통해 서비스를 제공할 고객, 거래 및 계약 규칙을 고려해야 한다. 또한 온라인 플랫폼을 통해 판매할 제품을 결정해야 한다. B2B 가격 책정은 고객과 회사의 전략적 관계, 주문 규모를 비롯한 다양한 요인에 따라 크게 달라질 수 있다.

기업은 중요한 비즈니스가 반영된 디지털 전환 수행 단계가 필요하다. 로드맵은 기업이 현재 제대로 된 방향으로 항해하고 있는지 확인하는 나침반 역할을 한다.

다음은 로드맵 개발 사례 중 하나이다. 로드맵은 각 기업의 목표, 업무 조직 및 문화 등을 고려해 개발된다.

로드맵을 개발할 때 기업은 온라인 판매 시 오프라인 유통 채널의 중단을 포함해 기존 비즈니스에 대한 가치도 함께 고려한다. 예를 들어 기업은 유통업체가 새로운 디지털 채널에서 어떤 역할을 할 것인지를 결정해야 한다. 리더는 디지털 전환 로드맵을 구현하기 전에 디지털 조직에 필요한 핵심 역할을 식별하고 디지털 기술에 능숙한 내부 인재를 확인해야 한다.

디지털 전환 로드맵은 다음을 포함해야 한다.

비즈니스 디지털 전환 로드맵

인식	표준화	사전 작업	서비스 정렬	최적화
• Gap analysis • Tools define processes • Errors with risk • Inventory, backup, alert/event mgmt with many manual handoffs • Lack of process	• Standardization & change management • Admin task automation • Initiate change for problem management • Initiate tool consolidation • Reporting automation	• Process automation across datacenter • Automate app release and deplouement • Almost no handoffs, minimizing errors • Full compliance remediation	• Cloud ready, utilize less maintenance • Use cloud resource • Easy to back up • Show/charge-back • Practice close loop development operations	• It is a strategic partner and broker of services • Optimized for scale, availability & flex • Human Resource allocation • Continuous compliance and governance • IT scorecard with biz KPIs and analytics

로드맵 예시(Kirill Karahainko, 2021. 5, How to develop a digital transformation strategy for your business)

전략

—

인재 요구 사항을 평가하고 현재와 격차를 식별한다. 그런 후 직원의 기술 향상, 전략적 파트너십 형성 또는 외부 직원 채용을 통해 빈자리를 채울 수 있는지 등을 결정한다. 최상의 결과를 위해 회사 인센티브 시스템은 직원이 디지털 목표를 달성하도록 장려한다.

조직

—

디지털 팀원을 조직에 통합하기 위해 새로운 구조와 의사결정 모델이 필요하다. 이 팀은 디지털 혁신을 관리하는 CEO에게 직접 보고하도록 하는 것이 좋다. 일부 회사에서는 이 역할의 직함이 최고 디지털 책임자일 수 있다. 주요 책임에는 비용을 절감하고 디지털 전환을 통해 실질적인 가치를 만드는 것이 포함된다.

기술

—

조직 전반에 걸쳐 지식과 능력을 향상시키기 위해 디지털 학습 프로그램을 도입해야 한다. 또한 직원들이 지속적인 학습을 가능하게 하고, 성장 마인드를 수용하도록 장려해야 한다.

시스템

워크플로 관리 도구와 같은 시스템 및 애플리케이션은 생산성을 높이며 인적 오류를 줄이는 데 도움이 된다.

메시지

전체 가치 사슬에서 역량을 강화하고 문화적 변화를 촉진한다. 예를 들어 외부 리더를 초대해 직원들에게 혁신과 성장에 대해 이야기하도록 할 수 있다.

애자일 방법론

민첩한 조직에서는 협력적인 접근 방식과 빈번한 회의가 필요하다. 또한 학제 간 팀이 아이디어와 정보를 공유한다. 새로운 접근 방식이나 기술을 신속하게 테스트한 후 고객 피드백을 기반으로 반복적으로 개선할 수 있는 환경을 조성한다.

디지털 기술 환경으로의 전환

새로운 기술은 모든 디지털 혁신의 기초를 형성한다. 이상적 로드맵에서 이러한 기능을 설명하고 상거래 백본 서비스, 프런트 엔드, 통

합 아키텍처, 백엔드 통합, 개발 및 운영을 위한 디지털 플랫폼 등을
제공해야 한다.

데이터 관리 및 강화

통찰력을 얻기 위해 필요한 정보를 데이터에서 캐어 내는 과정을
데이터 마이닝(Data Mining)이라 한다. 데이터 마이닝은 몇 가지 공통적
인 문제에 직면한다. 예를 들어 정보의 대부분은 집계 형식으로만 사
용 가능하거나 데이터 흐름을 관리하고 통합하기 위한 일관된 프로세
스가 없을 수 있다. 엑셀 같은 도구를 지원하지 않는 구식 시스템으로
인해 직접 보고서를 생성해야 할 수도 있다.

데이터 마이닝은 데이터가 사용되기 쉽게 관리될 수 있는 데이터베
이스 구조를 설계하는 것부터 정보를 얻는 데까지 이르는 모든 프로세
스를 포함한다. 그러므로 정보를 얻기 쉽게 미리 데이터 구조를 설계
한다. 또한 데이터 저장 및 관리 구조의 요구 사항을 정의한다. 데이터
수집부터 사용까지 일관된 데이터 정책을 고려한다.

다음은 데이터 관리 구조를 설계할 때 고려할 사항이다.

첫째, 기능 개발과 제품 혁신. 고객이 현장에서 제품을 실제로 어떻게 사
용하는지에 대한 정확한 데이터를 가지고 있다면, 서비스 개선을 위한 개
발에 도움이 될 수 있다.

둘째, 디지털 이니셔티브의 채택 및 확장. 디지털 혁신의 성공을 위해서는 전체 조직에 영향을 주는 디지털 전환 프로그램을 적용해야 한다. 확장에는 새로운 전사적 비즈니스 프로세스가 필요하다. 데이터는 무결성 없는 '깨끗한' 데이터를 보장해야 한다. 이러한 통제가 없으면 데이터에서 제대로 된 정보를 얻을 수 없을 뿐만 아니라 올바른 의사결정을 내릴 수 없다.

셋째, 통합된 디지털 생태계. 디지털 전환을 구현할 때 개별적인 사일로 솔루션을 개발하기보다는 통합된 디지털 생태계를 만드는 데 중점을 두어야 한다. 디지털 전환 팀은 모든 디지털 혁신 과정을 감독하고, 방향을 제어하는 항공 관제사 역할을 해야 한다. 그리고 회사 문화, 프로세스 및 운영 모델을 변화시키면서 항상 비즈니스 및 고객 요구에 초점을 맞추도록 노력해야 한다.

디지털 전환 팀을 구성하기 어렵다면 디지털화 경험이 있는 외부 전문가 및 플랫폼 파트너를 참여시키는 것을 고려할 수 있다. 이러한 아웃소싱은 디지털 전환 시간을 단축하고 많은 리스크를 피하는 데 도움이 될 수 있다.

디지털 전환
기술 탐험

01

사람의 업무를 자동화하는 인공지능

태동기

인공지능은 미래 산업의 주요 핵심 분야 중 하나이다. 비디오, 이미지, 텍스트, 음성 같은 다양한 유형의 데이터를 이용해 자동으로 종류를 구분하거나, 이미지 속에서 사물을 찾아주거나, 주가를 예측하거나, 한국어를 영어로 변환하는 등의 일은 인공지능 특히, 기계 학습이란 기술을 이용하면 그리 어렵지 않은 일이다.

기계 학습(Machine Learning)이란 준비된 학습 데이터를 이용해 아기에게 엄마가 사물을 보여주며 가르쳐주는 방법처럼 컴퓨터에게 학습을 시키는 기술을 말한다. 이 기술은 사람의 두뇌가 사물을 보고, 들으며 학습할 때 사용하는 신경망 개념을 컴퓨터에서 구현한 것이다.

미래를 시뮬레이션하는 능력은 인공지능 기술로 구현될 수 있다. 시뮬레이션은 데이터를 기반으로 미래에 예상 가능한 대안을 생성, 분석하는 기술이다. 인공지능을 이용하면 시뮬레이션 기술은 더욱 강력해질 수 있다.

인공지능 기술은 연구 분야가 매우 방대하지만 사실, 인공지능의 핵심적인 지식은 수학과 통계이다.

인공지능의 시작은 다트머스 대학 존 매카시(John McCarthy) 교수와 MIT 수학과 클로드 섀넌(Claude Shannon) 교수의 공동연구로부터 시작했다. 이들은 당시 수학 학회 학술지에 오토마타(Automata) 기계에 대한 연구를 공동 편집해 출판했었다. 오토마타는 자동으로 움직이는 기계로 생명체의 움직임을 모방한 것이다. 매카시 교수는 오토마타의 단순한 모방을 넘어 사람처럼 기계가 지능을 갖기를 원했다. 이 당시 오토마타 수학에 빠져 있는 사람들은 좀 더 노력하면 기계가 지능을 가질 수 있다고 생각했다. 이것이 인공지능의 시작이다.

이들은 마빈 민스키(Marvin Minsky) 박사의 수학 논문인 신경망에 관심을 가지게 되었고, 록펠러 재단에 지금까지 연구 내용을 모아 다트머스(Dartmouth) 대학에서 두 달 동안 인공지능을 토론하며 연구를 수행할 것을 제안한다. 참고로, 이 연구 제안서는 대부분 인건비에 대한 것으로 그 당시 수준 13,500 달러의 펀드를 요청했었다.

이렇게 시작된 연구 프로젝트가 그 유명한 다트머스 회의

(Dartmouth Workshop, 1956)이다. 이 연구는 인공지능이 다루어야 할 문제와 영역의 기초를 확정지었다. 연구 프로젝트 제안서에는 인공지능에 대한 연구 주제를 미리 제시해 놓았다.

A Proposal for the

DARTMOUTH SUMMER RESEARCH PROJECT ON ARTIFICIAL INTELLIGENCE
June 17 - Aug. 16

We propose that a 2 month, 10 man study of artificial intelligence be carried out during the summer of 1956 at Dartmouth College in Hanover, New Hampshire. The study is to proceed on the basis of the conjecture that every aspect of learning or any other feature of intelligence can in principle be so precisely described that a machine can be made to simulate it. An attempt will be made to find how to make machines use language, form abstractions and concepts, solve kinds of problems now reserved for humans, and improve themselves. We think that a significant advance can be made in one or more of these problems if a carefully selected group of scientists work on it together for a summer.

The following are some aspects of the artificial intelligence problem:

1) <u>Automatic Computers</u>

If a machine can do a job, then an automatic calculator can be programmed to simulate the machine. The speeds and memory capacities of present computers may be insufficient to simulate many of the higher functions of the human brain, but the major obstacle is not lack of machine capacity, but our inability to write programs taking full advantage of what we have.

2) <u>How Can a Computer be Programmed to Use a Language</u>

It may be speculated that a large part of human thought consists of manipulating words according to rules of reasoning

다트머스 여름학기 연구 프로젝트 제안(Dartmouth 대학, 1956)

자동으로 프로그래밍될 수 있는 컴퓨터(Automatic Computers)

언어를 사용하는 컴퓨터(Computer be programmed to use a language)

인간의 두뇌를 묘사하는 신경망(Neuron Nets)

컴퓨터 계산의 복잡성 연구(Size of a Calculation)

스스로 발전되는 지능(Self-improvement)

인간처럼 개념을 분류하고, 추상화할 수 있는 능력(Abstractions)

창의적 사고와 상상력(Randomness and Creativitiy)

지금 인공지능은 분야가 매우 방대해 보이지만 모두 이러한 주제로부터 파생된 것이다. 예를 들어 신경망 분야는 심층 학습으로 알려진 딥러닝(Deep Learning) 기술의 기초가 된다.

디지털 트윈(Digital Twin)은 실세계 문제를 반영하는 디지털 가상세계를 만들어, 실패 시 위험이 큰 작업을 가상세계에서 시뮬레이션하는 기술이다. 디지털 트윈은 인공지능의 유산을 재활용한다.

시뮬레이션은 현실을 가상 세계에서 모방하고 미래를 예측한다. 디지털 트윈은 인공지능을 통해 시뮬레이션을 수행할 수 있으며 좀 더 현실적인 대안을 다양한 조건으로 묘사할 수 있다. 예를 들어 우리가 사는 집에 온도센서를 설치하고, 이 데이터를 모아 앞으로 온도가 어떻게 변화할지를 예측할 수 있다면 불필요한 냉난방비를 절약할 수 있다. 예측된 온도 데이터로 공조기를 정확히 제어할 수 있을 것이고, 불필요한 에너지 비용 낭비를 막을 수 있다. 이런 아이디어를 확장하면 우리는 디지털 트윈으로 제어되는 건물, 도시, 인프라를 만들 수 있고, 에너지와 탄소를 절약하고 환경을 보호하는 데 도움을 줄 수 있다.

테크기업 스타트업 러시

인공지능, 특히 기계 학습 기술은 대부분 공개되어 있어 누구나 사용할 수 있게 되었다. 공개된 인공지능 기술은 큰 투자를 받은 스타트업 주도 아래 새로운 시장을 만든다. 다양한 분야에서 사람이 하던 일을 대신하는 스타트업의 러시가 계속되고 있다.

이라크에서 시작한 스타트업인 모빌아이(Mobileye)는 자율 주행에 필요한 비전(vision) 기술을 개발했다. 이 기술은 인간의 눈에 해당하는

자율 주행 자동차의 비전기술(Mobileye)

인공지능을 이용한 농작물 투자 리스크 분석

역할을 한다. 자율 주행 시 자동차가 장애물을 발견하고 멈추거나 피해갈 때 필요한 정보를 실시간으로 제공한다. 2018년 모빌아이는 이 기술을 인텔(Intel)에 153억 달러에 판매했다.

Ryelore Ai란 회사는 금융기관이 더 나은 투자 결정을 내릴 수 있도록 위성 이미지 데이터를 이용한다. 이 데이터에서 투자 결정에 필요한 정보를 얻을 수 있는 기계 학습 모델을 개발하고 있다. 예를 들어 위성에서 촬영한 농작물 사진을 보고 병충해 등 성장에 문제가 되는 상황을 미리 예측할 수 있다. 이런 정보는 농작물 관리와 자금 투자에 매우 중요하게 활용된다.

지능적인 토지 자원 관리 서비스를 개발한 스타트업인 글로벌 서피스 인텔리전스(Global Surface Intelligence)는 인공지능 기술을 적극 이용한다. 효과적인 산림 및 토지 관리에 이 기술을 활용하고 있다. 예를

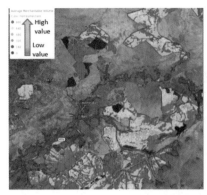

항공사진에서 목재의 위치와 벌근량 예측(Global Surface Intelligence)

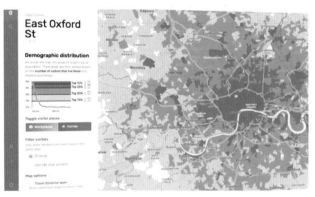

고객 방문 위치 및 패턴 분석(Gyana)

들어 용도별로 필요한 목재를 어디서 구할 수 있는지를 항공사진을 통해 알려주고 해당 산림의 목재 양이 얼마인지 예측할 수 있다.

영국 갸나(Gyana)는 인공지능에 위치 정보를 활용한다. 갸나는 소매점이 경쟁에서 얼마나 유리한지, 향후 시장 점유율이 어떻게 될지를 위치 정보를 포함해 예측한다. 예를 들어 고객의 행동과 구매 위치를

부동산 관리(Cape Analytics)

스마트폰 GPS센서, 소셜 미디어(SNS) 데이터로 예측해 소매점이 마케팅에 필요한 정보를 제공한다.

2014년 창업한 샌프란시스코 소재 Cape Analytics는 인공지능 기술을 이용해 부동산 가치를 분석하고 의사결정 정보를 제공한다. 수많은 부동산에서 고객이 원하는 상품을 검색하고 위험 요소를 분석하는 것은 많은 노력이 필요하다. 이 회사는 위성사진과 7,000만 개 이상의 건물 데이터 등을 이용해 고객이 원하는 의사결정 정보를 제공한다. 이 정보는 보험회사, 주택개발업체 등 다양한 곳에서 활용할 수 있다. 이 회사는 기술을 인정받아 2016년 1,400만 달러의 펀딩을 받았다.

호주에 있는 에이프 모빌(APE Mobile)은 복잡한 건설 정보를 처리해 계약자에게 도움을 주어 시공 프로젝트를 보다 쉽게 관리할 수 있는 기술을 제공한다. 인공지능 및 자연어 처리(NLP) 기능을 추가해 사용자가 필요할 때 언제 어디서든 관련 정보를 얻을 수 있다. 검색 필요

없이 관련 정보를 채팅하듯 물어보고 인포그래픽 등을 얻을 수 있다.

미국 뉴욕에 있는 Kwant는 몇 분 안에 설치 가능한 인공지능 기반 분석 센서를 사용해 제조 생산성과 안전을 향상시킨다. 이 회사는 인공지능을 사용해 수천 개의 프로젝트 일정을 분석했다. 이 분석 알고리즘은 비정형 데이터를 표준화된 데이터로 처리한다. 센서 및 API를 통한 실시간 분석은 프로젝트 실행을 위험에 빠뜨릴 수 있는 신호가 있을 경우 높은 정확도로 예측한다.

이스라엘 하이파에 있는 인사이트(INTSITE) 기술은 컴퓨터 비전, 딥러닝 및 항공 우주 알고리즘을 상용 하드웨어(카메라 등 기타 센서)와 결합해 중장비를 빠르고 비용 효율적인 방식으로 스마트한 자율 로봇으로 변환시킨다. 기계가 '더 똑똑해짐'에 따라 안전성과 성능이 향상된다. 이 기술은 기계의 자세와 시각적 인식을 제공한다.

활용 사례

인공지능은 다양한 산업에 활용되고 있다. 이 장에서 인공지능을 이용해 무엇을 할 수 있는지를 좀 더 구체적으로 확인해보자.

무인 자율 주행차

물류, 운송에서 인공지능은 시장 파괴적인 기술이다. 이미 무인 자율 주행차는 기존 업계를 뒤흔들고 있다. 물류 분야에서는 이미 현장에 시험 주행을 마치고 적용 준비 중인 무인 자율 주행 트럭이 개발되고 있다. 이 트럭은 운전자가 필요 없는 차량이다. 현장에서 기계를 운전하는 작업자는 많은 위험에 노출되어 있다. 이 기술은 이해 당사자에 이런 위험을 해소하는 효과를 준다. 이 기술은 GPS와 같은 측위 기술을 이용한다.

빌딩 에너지 관리

머신러닝 기술을 사용해 건축물의 냉난방 에너지 소비량을 예측하고 공조 효율성을 높일 수 있다. 다항식 회귀 모델이나 인공신경망 모델에 적절한 목적함수와 제약식을 디자인해 넣는다면 특정 범위를 벗어난 이상 패턴이 검출될 경우, BAS(Building Automation System, 건물 관리 자동화 시스템)와 연계해 공조를 조정하거나 시설물 관리자에게 상황을 원격으로 알릴 수 있다. 건물 정보 데이터베이스인 BIM(Building Information Modeling)은 머신러닝의 중요한 데이터 소스가 될 수 있다.

방재

재난 재해를 예방할 때 활용될 수 있다. 예를 들어 지진은 광범위한 피해와 손실을 수반한다. 인공지능과 원격 센싱 기술을 통해 지진 발생 후 건물 붕괴를 감지할 수 있다. 피해 분포를 신속하게 공간정보 위에 맵핑할 수 있다면, 가장 큰 영향을 받는 지역에 대한 적절한 지원을 찾을 수 있다. 이는 시민의 대피 위치나 귀가 여부를 판단하는 데에도 도움이 된다.

구조 안전

구조체의 균열로 인한 붕괴를 미리 예측할 수 있다. 관련된 데이터를 현장에서 IoT(Internet of Things. 사물 인터넷) 기술을 기반으로 센서 데이터를 얻어 특징을 학습할 경우, 붕괴 전에 위험도를 예측할 수 있다.

도시 계획 및 시설물 관리

인공지능은 도시 계획 및 관리에 도움될 수 있다. Mapillary 시스템은 머신러닝을 통해 12,000명 이상의 사용자 제공 사진 이미지를 3차원 이미지로 시각화한다. 이 기술은 시청에 도시 계획 및 시설물 관리

도시 및 교통 관리(Mapillary)

부서에서 향후 투자 전략 및 프로그램 우선순위를 결정할 수 있도록 도와준다. 모바일 앱을 통해 철도 라인을 현장 관측하고 품질을 관리하는 데 활용될 수도 있다.

스마트 빌딩

머신러닝 기술은 스마트 빌딩 서비스 구현에 도움이 된다. 이 기술을 통해 빌딩 사용자의 기호를 학습하고 예상할 수 있으며 BAS를 자율 제어함으로써 미리 사용자의 요구 사항을 만족시켜 줄 수 있다. 빌딩 공간에 설치된 IoT 센서를 통해 거주자에 맞게 각 공간이 개인화된다. 고령자가 혈압 원격 센싱을 통해 건강을 모니터링하고 행동 패턴을 검출해 위험을 사전 경고할 수 있다.

지능화된 시공 로봇

지금까지 자동화된 건설 기계는 포장, 인스펙션(inspection) 같은 특정 분야에만 사용되어 왔다. 앞으로는 비전, 이미지 스캔, IoT 같은 센싱 기술을 바탕으로 스스로 판단해 시공하고 검사하는 수준으로 발전

코마츠건설 무인 건설 영상(Komatsu)

하리라 예상한다.

앞으로 모든 산업에 인공지능 기술은 깊게 파고들어 사람이 직접 하기 어려운 일들을 대신하게 될 것이다.

머신러닝 딥러닝 기술

이 장에서는 디지털 비즈니스 서비스 개발 시 가장 인기 있는 기술인 머신러닝과 딥러닝(Deep Learning) 개념을 살펴본다. 이를 통해, 비즈니스 모델과 인공지능기술의 접점이 무엇인지 생각해보자. 머신러닝은 인간이 학습하는 것처럼 주어진 데이터가 무엇인지 컴퓨터가 학습하는 기술이다.

> 머신러닝은 학습을 통해 데이터를 자동으로 분류, 탐지, 예측할 수 있다. 데이터는 사진, 음성, 음악, 텍스트 등 디지털화 될 수 있는 것이면 모두 가능하다.

딥러닝은 머신러닝의 한 분야로 신경망 기술을 사용해 데이터를 학습한다. 신경망을 이용한 딥러닝 기술은 데이터의 특징을 학습하는 모델을 다음과 같이 정의한다. 입력 데이터(inputs)는 가중치와 곱해져, 전이함수(transfer function)를 통해 활성화함수(activation function)로 전달된다. 원하는 결과 값과 차이가 있으면 차이만큼 가중치를 조정해 앞의 과정을 반복해 계산한다. 이 가중치가 학습 결과로 저장되며 필요

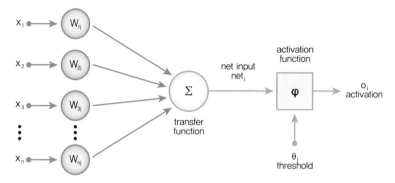

뇌세포를 구성하는 뉴런을 수학적으로 표현한 인공신경망(Wikibooks)

할 때 재사용된다. 이 과정을 신경망에서 학습이라 말한다.

　앞의 신경망 개념은 수학적으로 다음과 같이 표현될 수 있다.

$$v = W \cdot x + b, \ y = \varphi(v)$$

　여기서, x = 입력벡터, W = 가중치, b = bias값, y = 결과값, φ = 활성함수

　딥러닝은 신경망 계층이 한두 개가 아닌 수십 개에서 수백 개 이상이다. 그러므로 심층 신경망이라 말한다. 심층 신경망은 단순한 신경망이 풀기 어려운 사진 속 사물 구분, 음성 인식, 음악 작곡 등의 문제를 해결할 수 있다. 대부분의 딥러닝 도구는 오픈소스로 무료로 사용할 수 있다.

딥러닝을 이용해 챗봇, 무인 자율 자동차의 비전 등이 이미 산업적으로 활용되고 있다. 산업계에서 활용하고 있는 대표적인 딥러닝 모델은 다음과 같다.

컨볼루션 뉴럴 네트워크

사람의 눈 역할을 컴퓨터로 구현하는 비전(Vision) 분야에서 활용되는 컨볼루션 뉴럴 네트워크(CNN, Convolutional Neural Network, 컨브넷)는 학습 데이터의 특징을 추출하는 특징 추출기를 신경망 학습 과정에 포함시켜 일괄 처리한다. 이미지 패턴 인식에서 많이 사용하는 특징 추

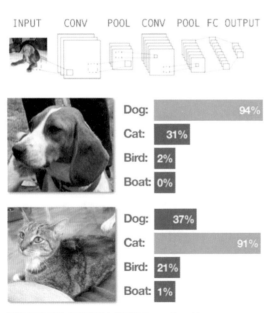

CNN 기반 동물 이미지 학습 분류(PyImageSearch)

출기 신경망의 가중치는 학습을 통해 결정된다. CNN에 입력된 원본 이미지는 앞쪽의 특징 추출 신경망을 통과한다. 여기서 추출된 이미지 특징은 분류 신경망에 다시 입력된다. 분류 신경망은 이미지 특징을 기반으로 이미지 최종 범주를 분류한다.

순환 신경망

순차적 데이터에서 규칙적인 패턴을 인식하고 추상화된 정보를 추출할 수 있는 순환 신경망(RNN, Recurrent Neural Network)은 텍스트, 음성, 음악, 영상 등을 다루는 데 적합하다. 순환 신경망은 최적해를 계

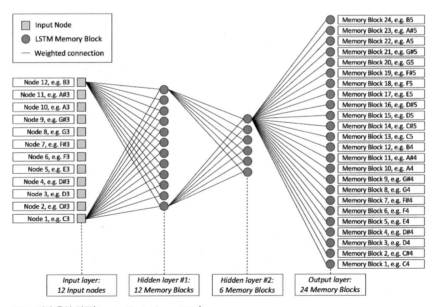

LSTM 기반 음악 작곡(Konstantin Lackner, 2016)

산하지 못하는 경우가 있었다. 이를 개선하기 위해 LSTM(Long Short Term Memory)가 개발되었다. 순환 신경망 문제는 LSTM으로 어느 정도 해결되어 인공지능 기반 번역, 자동 작곡, 작사, 저술, 주가 예측 등 다양한 분야에 활용되고 있다.

RBM과 DBN

지오프 힌튼(Geoff Hinton)에 제안한 제한된 볼츠만 머신(RBM. Restricted Boltzmann Machine)은 비지도 학습에 활용되고 차원 축소, 분류, 선형 회귀 분석, 필터링, 특징 값 학습, 주제 모델링에 사용할 수 있다. RBM은 확률을 기반으로 에너지가 최소화하는 방향으로 학습을

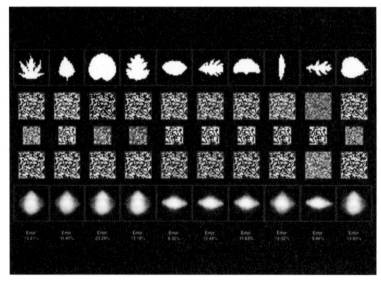

DBN 기반 나뭇잎 이미지 학습을 통한 추상화(Patrick Hebron, 2016)

수행한다.

심층 신뢰망은 라벨(label)이 없는 데이터에 대한 비지도 학습이 가능하고 부분적인 이미지에서 전체를 연상하는 일반화, 추상화 과정을 구현할 수 있다.

GAN

GAN(Generative Adversarial Network, 생성 대립 신경망)은 비지도 학습 방법으로 주어진 데이터를 생성과 대립 메커니즘으로 학습해 이미지나 음성 데이터를 생성할 수 있다. GAN은 인공지능 기반 데이터 합성, 생성 등에 적용되었다. 다음 그림과 같이 가상의 인물 이미지를 현실처럼 만들어내는 딥페이크(Deep Fake) 기술이 다양한 곳에 사용되기 시작했다.

현재 GAN은 가상 아이돌, 메타휴먼 등의 이미지를 자연스럽게 만

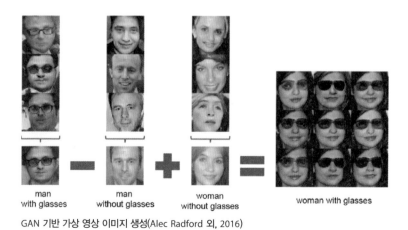

man
with glasses

man
without glasses

woman
without glasses

woman with glasses

GAN 기반 가상 영상 이미지 생성(Alec Radford 외, 2016)

드는 데 사용되고 있다.

RL

구글의 딥마인드에서 개발한 관계형 네트워크(RL, Relation Networks)
는 관계형 추론을 지원한다. RL을 통해 사물 간의 관계, 문장 같은 개
념 사이에 관계를 파악해 논리적 추론을 할 수 있다. 다음 그림과 같이
RN을 이용해 주어진 장면을 학습시키면 테이블 위 여러 개 사각형,
구 등 다양한 모양으로 이뤄진 사물 간 관계를 추론한다.

딥러닝은 분류, 이미지 인식, 음성 인식, 번역, 이미지 생성에만 국
한된 한계가 있었다. RL은 딥러닝 기술을 인간의 사고에 근사한 논리
적 추론이 가능한 분야까지 확대했다.

RL 기반 객체 간 관계 추론(Adam Santoro외, 2017)

객체 인식 및 탐색

딥러닝을 통해 스마트폰으로 촬영한 영상, 사진에서 객체의 위치,
크기, 종류를 인식할 수 있다. 예를 들어, 다음 사진 속 객체들은 다양
한 위치에 분포되어 있다.

객체는 다양한 크기가 될 수 있다. 신경망은 객체를 구분하는 상자의 영역을 결정하기 위해 질감, 강도, 컬러 등 정보를 사용한다. YOLO(You Only Look Once) 신경망은 이미지를 여러 개의 격자로 분할하고, 사물이 얼마나 격자에 잘 포함되는지 신뢰도를 계산한다. 신뢰도를 계산해 격자의 위치를 반복 조정한다. 영상에서 사물의 종류·위치·크기 등을 자동 계산하므로 법규 위반 차량 감시, 안전사고 감시 CCTV 카메라, 장애물을 피해 배달하는 배송로봇과 같은 서비스를 개발할 수 있다.

딥러닝 기술은 현재 빠른 속도로 발전하고 있다. 특정 영역에서는 사람보다 인공적으로 만들어진 학습 모델이 더 우수하다는 연구 사례가 속속 발표되고 있다. 앞으로 딥러닝은 사람의 인지구조, 추론구조

Object Detection

CAT, DOG, DUCK

경계 상자와 객체 탐색(CV-Tricks.com)

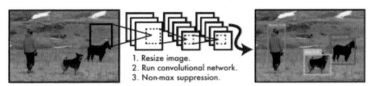

YOLO 객체 탐지 기술(YOLO)

를 좀 더 근본적인 방향에서 분석하고 구현할 것이다.

앞서 언급한 기능은 사람의 고유 영역이었지만, 이제는 컴퓨터가 대신할 수 있게 되었다. 현장에서 이런 컴퓨터가 불평 없이 24시간 354일 일할 수 있다면, 어떤 변화가 일어날까. 이 지점이 디지털 전환 비즈니스의 시작점이 될 수 있다.

인공지능과 병렬처리 기술

엔비디아(NVIDIA)는 3차원 게임 그래픽 가속 기술인 GPU(Graphic Process Unit)를 개발하는 회사였다. GPU는 병렬처리 기술을 통해 게임 화면을 구성하는 최소 단위인 픽셀을 수학적으로 동시에 계산해 획기적인 속도로 3차원 그래픽을 렌더링할 수 있다. 이 기술은 인공지능 전문가 등 수치 해석에 많은 시간이 소모되는 분야에서 주목을 받게 된다. 많은 연구자들이 GPU를 이용해 딥러닝, 가상현실, 증강현실 등 수치 연산이 크게 필요한 분야에 적용했고, 매우 훌륭한 결과를 얻었다.

엔디비아는 현재 무인 자율 주행차처럼 인공지능과 관련된 모든 영역에서 강력한 영향력을 행사하고 있다. 핵심 기술을 기반으로 인공지능 플랫폼을 개발해 오픈했으며 클라우드 기반으로 전 세계 수많은 개발자들이 자신의 영역에서 서비스를 개발하고 있다.

또한 엔디비아는 매년 GTC 컨퍼런스를 개최하고 있다. 이 컨퍼런스에는 그래픽, 가시화, 가상현실, AI, IoT, 빅 데이터, 머신러닝 등 모든 기술을 발표하고 공유한다.

엔비디아는 이제 단순히 GPU만 개발하는 회사가 아니다. 인공지능 기술을 개발하는 선도적인 기업이다. 무인 자율 자동차부터 스마트 시티까지 다양한 인공지능 기술을 개발하고 있다.

엔비디아 오토모티브 부문 부사장 겸 제너럴 매니저인 롭 송거(Rob Csongor)는 "자율주행차 서비스를 배포하려면 고객에게 필요한 안전성 및 신뢰성을 확보하기 위해 수십억 마일의 주행 거리를 테스트하고, 이를 검증하는 솔루션이 필요하다. 가상 시뮬레이션을 통해 실제 도로에서보다 훨씬 적은 시간과 비용으로 맞춤형 시나리오 및 간혹 발생하는 코너 사례 등 수십 마일 분량을 테스트함으로써 알고리즘의 우수성을 높일 수 있다"라고 말했다.

엔비디아(NVIDIA)의 홀로덱(Holodeck) 3D VR 기술(NVIDIA)

드라이브 심(DRIVE Sim) 소프트웨어는 실제 같은 데이터 스트림을 생성해 다양한 종류의 테스트 환경을 만들어낸다. 폭풍우 및 눈보라 등 다양한 날씨, 하루 중 다양한 시간대에 나타나는 운전 중 눈부심 또는 야간 시야 제한, 다양한 종류의 도로 표면 및 지형 등을 시뮬레이션 할 수 있다. 위험한 상황을 시뮬레이션 하여 실제 운전자의 위험은 피하면서 자율 주행차의 대응력을 시험해볼 수도 있다.

홀로덱(Holodeck) 기술은 가상세계에서 객체를 두고 서로 간의 상호작용을 시뮬레이션해준다. 에이전트가 시뮬레이션하면서 자동차를 디자인할 수도 있고, 사람이 개입해 함께 협업할 수 있다.

비전과 로봇

이미 언론에서 많이 볼 수 있는 무인 자율 주행차는 자율적으로 주행하는 로봇의 일종이다. 자율 주행 로봇의 핵심 기술은 무엇일까? 하드웨어적으로 배터리나 모터 등을 떠올릴 수 있겠지만, 눈과 두뇌에 해당하는 소프트웨어 기술이 핵심이다. 눈과 두뇌가 없는 하드웨어는 봉사나 마찬가지다.

이 눈과 두뇌에 해당하는 기술을 각각 컴퓨터 비전과 인공지능 기술로 부른다. 이 기술이 적용된 드론이나 배달 로봇은 자율적으로 지형과 공간을 인식하고 물건을 미리 지정된 위치로 배송한다. 그렇다면 자율 주행 로봇에 사용된 비전과 인공지능 기술이 무엇인지 알아보자.

> 컴퓨터 비전은 컴퓨터가 사진과 같은 이미지 속의 사물이나 의미를 인식
> 하는 기술을 말한다.

컴퓨터 비전과 인공지능 기술은 서로 친척관계이다. MIT 대학 시모어 페퍼(Seymour Papert) 교수는 1966년 Summer Vision 프로젝트에서 물체를 식별할 수 있는 로봇 시각 시스템을 개발할 수 있는지 질문했다. 2년 후 마빈 민스키(Marvin Minsky) 교수는 Blocks World 프로젝트에서 인간의 도움 없이 다양한 모양의 크기와 블록을 인식하고 조립

MASSACHUSETTS INSTITUTE OF TECHNOLOGY
PROJECT MAC

Artificial Intelligence Group   July 7, 1966
Vision Memo. No. 100.

THE SUMMER VISION PROJECT

Seymour Papert

The summer vision project is an attempt to use our summer workers
effectively in the construction of a significant part of a visual system.
The particular task was chosen partly because it can be segmented into
sub-problems which will allow individuals to work independently and yet
participate in the construction of a system complex enough to be a real
landmark in the development of "pattern recognition".

Summer Vision 프로젝트(Seymour Papert, 1966, MIT)

키위봇(미국 버클리 대학교에서, commons.wikimedia.org)

할 수 있는 인공지능을 개발하고자 했다. 1960년대 시작된 인간 시각과 지능을 모방할 수 있는지에 대한 질문과 시도는 50년 후 우리가 사용하는 자율 주행차의 핵심 기술이 되었다.

키위봇(Kiwibot)이라는 배달 로봇은 2017년 무인 자율 배송 서비스를 개발하는 캘리포니아 버클리 대학 스타트업에서 개발되었다. 이 회사는 버클리 도시, 팔로 알토 스탠포드 대학교 캠퍼스, 산호세 등에서 서비스를 제공한다. 키위봇은 주문을 받아 배달 지점까지 물건을 배송하는 데 평균 27분 내 납품 가능하다고 한다.

이 로봇은 인간의 눈과 머리에 해당하는 컴퓨터 비전, 인공지능 기술을 적극 사용한다. 키위봇은 이동 경로 탐색을 위한 GPS(Global Positioning System), 장애물 회피를 위한 카메라를 장착했다. 이미지는 머신러닝을 이용해 이동 속도 조절, 장애물 회피 등을 처리한다.

키위봇은 20개 이상의 대학 캠퍼스와 도시에서 운영되고 있다.

2018년 5월 기준 10만 건 이상의 주문을 처리했다. 이런 성과를 인정받아 CEO인 펠리페 차베즈(Felipe Chávez)는 2018년 11월 MIT 기업가상을 수상했다. 하지만 완전한 무인 배송을 위해서는 해결해야 할 문제가 많다. 예를 들어 라스트 마일(Last Mile) 문제는 로봇이 현관 문 앞까지 고객이 원하는 물건을 배송해야 하는 문제이다. 다음은 라스트 마일 문제를 좀 더 간단히 세분화한 것이다.

1. 물건 배송 목적지 건물까지 이동

2. 건물의 정문 유형 인식

3. 정문 유형에 따라 문을 여는 전략 마련

4. 정문 열기

5. 건물 내 목적지 사무실까지 이동 경로 계산

6. 1층 엘리베이터 앞까지 이동

7. 엘리베이터를 통해 오피스까지 이동

8. 오피스 문까지 이동

이 과정에서 건물은 대형 상가, 오피스, 아파트 등을 포함한다. 라스트 마일 문제는 고학년 초등학생 정도라면 해결할 수 있는 문제이지만, 자율 주행 로봇의 경우는 매우 복잡한 문제이다. 여기서 문, 바닥, 실내 공간 등을 인식하려면 컴퓨터 비전과 인공지능의 도움이 필수적이다. 컴퓨터가 인식해야 할 대상은 매우 많은 종류가 있고, 모양이나 재질도 차이가 많다. 이 과정을 완벽하게 해결할 수 있는 기술은 아직

많지 않다.

키위봇 개발사는 전 세계 개발자들이 만든 오픈소스를 사용했다. 참고로 오픈소스 운동은 소스코드를 개방해 개발자 간 상호협업을 장려한다. 요즘의 소프트웨어 개발은 대부분 오픈소스를 사용하고 있다고 해도 과언이 아니다. 오픈소스 협업을 서비스하는 깃허브(GitHub) 웹사이트에는 키위봇 초창기 개발 코드가 아직도 남아 있다.

개방형 데이터

딥러닝이 크게 발전한 기폭제는 신경망 학습에 필요한 오픈 데이터를 무료로 제공한 ImageNet(https://image-net.org)의 역할이 컸다. 딥러닝을 위해서는 데이터와 데이터 의미를 가르치는 라벨링(labeling) 작업 과정이 필수적이다. 이 결과로 학습용 데이터가 만들어진다.

> 수많은 데이터에 대한 의미를 딥러닝 모델에 학습시키기 위해서는 데이터를 정규화하고, 라벨링하는 많은 시간과 작업이 필요하다.

일단, 학습에 필요한 학습용 데이터셋이 준비되어 있다면, 다양한 딥러닝 모델을 이용해 신경망 학습을 하면 신경망 가중치(weight factor)와 파라메터를 얻는 것은 그리 어렵지 않다. 딥러닝 분야의 대가들은 많은 노력을 들인 학습용 데이터를 오픈소스로 공개함으로써 딥러닝 분야에 큰 공헌을 했으며 많은 연구자들이 이를 이용해 발전된 알고리

영상 내 작업자 인식을 위한 라벨링 예시

즘을 개발하고 공유함으로써 기술이 급격히 발전되었다.

MNIST

MNIST는 딥러닝 학습 시 헬로 월드(Hello world) 같은 데이터셋이다. Yann LeCun(NYU, Director of AI Research at Facebook, Silver Professor of Computer Science at the Courant Institute of Mathematical Sciences)이 공유하고 있는 MNIST는 딥러닝 신경망 학습에 필요한 필기체 숫자 이미지 6만 개 훈련 집합, 1만 개 테스트 집합을 제공한다. 이를 이용해 패턴 인식 연구에 필요한 데이터 수집 노력을 줄일 수 있다. 이 이미지는 원래 흑백이었지만 20×20 픽셀 크기에 맞춰 정규화된 그레이 이미지로 처리되었다. 이를 위해 안티 앨리어싱 기술을 적용해 이미지 픽셀 중심을 계산하고 28x28 크기로 변환했다.

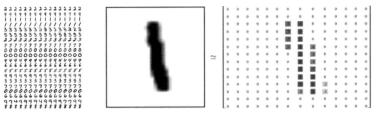

MNIST 필기체 학습용 데이터셋

MNIST 데이터는 SD-3와 SD-1이 있으며 SD3가 노이즈가 별로 없고 쉽게 인식할 수 있다. 참고로, SD-1은 500명의 사람이 쓴 5만 8,527개 이미지가 포함되어 있다.

CIFAR

CIFAR-10과 CIFAR-100은 800만 개의 소형 이미지 데이터셋이다. 이 데이터는 알렉스 크리제브스키(Alex Krizhevsky), 비노드 나이르(Vinod Nair), 제프리 힌튼(Geoffrey Hinton)이 작성했다. 이 이미지를 이용해 다양한 머신러닝 기법이 테스트되고 있다. 구글의 오픈소스 딥러닝 기술인 텐서플로에는 기본 예제로 포함되어 있다.

CIFAR-10은 6만 개 32x32 컬러 이미지 10개 클래스로 구성된다. 5만 개의 훈련 이미지와 1만 개의 테스트 이미지가 있다.

데이터셋은 5개 훈련 배치 셋과 한개 테스트 배치 셋으로 구분되고, 각 셋은 1만 개 이미지이다. 테스트 배치 셋은 1,000개 선택된 임의 이미지가 포함되어 있다. 훈련 배치 셋은 각 클래스별로 5,000개 이미지로 구성된다.

airplane
automobile
bird
cat
deer
dog
frog
horse
ship
truck

CIFAR 이미지 데이터셋

이미지넷(ImageNet)

이미지넷은 페이페이 리(Fei-Fei Li) 교수가 2007년 제안한 학습용 이미지 데이터베이스 구축 아이디어에서 시작된 프로젝트이다. 비전 기술 개발 시 필요한 세계 최대 학습용 이미지 데이터베이스가 무료로 제공된다.

이미지넷은 무료로 학습용 데이터베이스를 제공하고 있다. 초창기 페이페이 리 교수와 주변 동료들은 약 1,500만 개 이미지에 대한 라벨링 작업을 큰 R&D펀드 없이 진행했으며 이후 도움을 준 세계 각국의 연구자들도 그녀의 아이디어에 영감을 받아 개인의 시간과 자원을 공헌했다.

이미지넷은 매년 비전 기술의 사물 인식 정확도를 기준으로 평가

하는 대회를 열었다. 이 대회에서 우수한 알고리즘으로 평가된 기술은 큰 주목을 받고 오픈소스로 공개되어 많은 사람들에게 도움을 주었다. 2012년 캐나다 토론토 대학의 알렉스 크리제스브키는 GPU 기반 CNN 딥러닝 모델(ImageNet Classification with Deep Convolutional Neural Networks, 2012)을 이용해 80퍼센트 이상 정확도를 보여주어 사람들을 놀라게 했다. 그는 이 기술을 오픈소스로 공개했으며 마이크로소프트는 이 기술을 기반으로 정확도를 96퍼센트까지 끌어올렸다.(Microsoft, 2015)

이미지넷은 비전 분야에서 오픈소스를 기반으로 공유하고 발전하는 문화를 만들게 된 큰 계기가 되었다.

3D 모델 데이터

3D 데이터는 무인 자율 자동차 산업을 포함한 비전 모델 딥러닝 시 매우 유용할 수 있다.

> 3D 데이터는 인공지능 시스템의 3D 인식, 이해 및 이동 기능을 개선시킬 수 있다. 이를 활용하면, 증강 현실, 로봇 공학, 3D 재구성에 이르기까지 2D 이미지를 보다 잘 이해할 수 있는 서비스를 만들 수 있다.

2021년 9월, 페이스북이 공개한 CO3D 데이터 세트에는 50개 범주에 대한 1만 8,619개의 비디오가 포함되어 있다. 총 150만 개의 라벨링된 이미지와 5,625개의 포인트 클라우드를 제공한다. 데이터 세트

3차원 모델 데이터셋(Facebook AI)

크기는 1.4TB(Terabytes)이다.

스탠포드(Stanford), 프린스턴(Princeton) 및 TUM의 그룹이 제공한 다양한 범위의 3D 공간을 수작업으로 라벨을 붙이고, 이를 공개했었다.(buildingparser.stanford.edu/dataset.html) 제공하는 데이터 세트는 90개 빌딩 19만 4,400개 RGB+깊이 이미지에서 1만 800 개 정렬된 3D 파노라마 뷰(픽셀 당 RGB+깊이)를 포함한다. 이 모든 장면은 Matterport Pro 3D 카메라로 캡처되었다. 3D 모델은 객체를 세분해 손으로 레이블했다. Matterport 3D 데이터는 https://matterport.com/gallery에서 탐색할 수 있다. 이 데이터 세트를 이용하면 사용자가 캡처한 공간을 회의실로 분류하고 가구와 같은 객체의 종류, 위치, 크기 등을 자동으로 인식할 수 있다.

인테리어를 위해 고객이 바닥 평면도에서 객실 라벨을 지정해야 하

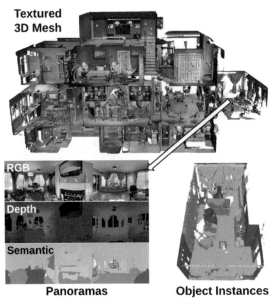

Matterport Pro 3D로 캡처된 RGB + 깊이 이미지

는 작업을 건너뛸 수 있다. 우리는 3D 센서가 해결할 수 없는 문제를 해결하기 위해 딥러닝을 시도하고 있다. 사용자는 창고, 쇼핑몰, 상업용 부동산 및 공장 같은 큰 열린 공간을 훨씬 더 빠르게 캡처할 수 있고, 이를 통해 3D 가상 투어 서비스를 손쉽게 개발할 수 있다. 이외에 기타 3D 학습용 데이터셋으로 셰이프넷(ShapeNet) 등이 있다.

자율주행 데이터 BDD100K

UC 버클리 인공 지능 연구 실험실 BAIR은 BDD100K로 불리는 운전 데이터베이스를 공개했다. 아울러 데이터셋 개발과 관련된 논문

BDD100K(BAIR)

을 발표했다. (Fisher Yu, 2018)

BDD100K는 Berkeley Deep Drive의 약자이다. 40초의 비디오 시퀀스, 720픽셀 해상도, 초당 30 프레임 고화질로 취득된 10만 개 비디오 시퀀스로 구성된다. 거친 주행 환경 구현, GPS 정보, IMU 데이터 및 타임 스탬프가 포함되어 있다. 녹화된 비디오는 비오는 날씨, 흐린 날씨, 맑은 날씨, 안개 같은 다양한 날씨 조건이 기록되어 있다. 데이터 세트는 낮과 밤이 적절한 비율로 기록되어 있다. 이미지에 쉽게 주석 처리하기 위해 수직 차선은 적색, 평행 차선은 청색으로 구분했다. 적색 표시 있는 운전 경로와 청색 표시가 있는 대안 운전 경로로 주행 가능 구역을 구분한다.

데이터셋은 버스, 신호등, 교통 표지, 사람, 자전거, 트럭, 모터, 자동차, 기차 및 라이더를 위해 10만 개 이미지에 주석이 달린 2차원 경계박스가 포함되어 있다. 이 데이터는 도로, 포장도로의 보행자 탐지를 위해 사용할 수도 있다. 이를 위해, 현재 데이터 세트에는 8만 5,000개가 넘는 보행자 인스턴스가 있다.

Lane Marking(BAIR)

Road Object Detection(BAIR)

	KITTI	Cityscapes	ApolloScape	Mapillary	BDD100K
# Sequences	22	−50	4	N/A	100,000
# Images	14,999	5000 (+2000)	143,906	25,000	120,000,000
Muitiple Cities	No	Yes	No	Yes	Yes
Muitiple Weathers	No	No	No	Yes	Yes
Muitiple Time of Day	No	No	No	Yes	Yes
Muitiple Scene types	Yes	No	No	Yes	Yes

데이터셋 비교(Kirti Bakshi, 2018. 9. 24.)

이 데이터베이스는 차량용 컴퓨터 비전 및 기계 학습을 연구하기 위해 현재 100만 대의 자동차, 30만 개가 넘는 도로 표지판, 13만 명의 보행자 등으로 구성된 Berkeley Deep Drive(BDD) Industry Consortium

의 지원을 받고 있다. BDD100K는 거리에서 보행자를 감지하고 피하는 컴퓨터 비전 알고리즘 구현에 유용하다.

참고로, 바이두(Baidu)는 이와 유사한 아폴로 스케이프(AppoloScape)를 3월에 발표했다. 버클리 데이터셋은 바이두의 아폴로 스케이프보다 800배 더 크며, 맵필러리(Mapillary) 데이터 세트보다 4,800배 더 크고, 키티(KITTI)보다 8,000배 더 크다. 이 데이터를 연구한 대학 연구소는 자동차 업계에서 큰 투자를 받았다.

캐글(Kaggle)

캐글은 2010년 설립된 데이터 예측 및 분석 대회에서 사용하는 플랫폼이다. 기업이 단체에서 데이터와 문제를 여기에 업로드하면 세계의 개발자나 연구자들이 이 문제를 해결한다. 캐글은 2017년 구글에 인수되었다. 음성, 사진, 텍스트 등 수많은 데이터셋을 검색한 후 무료

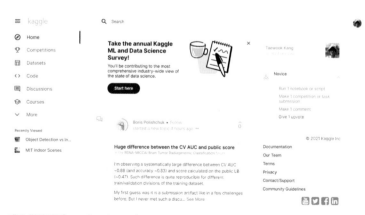

캐글 웹사이트(www.kaggle.com)

로 다운로드할 수 있다.

딥러닝 분야의 대가들은 많은 노력을 들인 학습용 데이터를 오픈소스로 공개함으로써 딥러닝 분야에 큰 공헌을 했다. 많은 연구자들이 이를 이용해 발전된 알고리즘을 개발하고 공유함으로써 기술이 급격히 발전되었다.

오픈소스(Open source) 기술

오픈소스는 개발된 소스코드를 공개적으로 접근할 수 있게 설계되어 누구나 자유롭게 코드를 확인, 수정, 배포할 수 있다. 오픈소스는 이미 산업계에서 큰 비즈니스가 되었다. 구글 같은 회사들이 오픈소스 기술을 사용해 서비스를 개발하고 있다. 다음은 인공지능과 관련된 주요 오픈소스 기술이다. 누구나 무료로 사용할 수 있고 상업용으로 제품이 개발될 때 대부분 로열티 없이 사용할 수 있다.

다음은 인공지능 서비스 개발에 많이 사용되는 오픈소스 도구들의 예이다.

1. TensorFlow – https://www.tensorflow.org/

2. Torch – http://torch.ch/

3. Python NumPy, SciPy, Scikit-Learn – http://scikit-learn.org/

4. R – https://www.r-project.org/

수많은 디지털 기반 스타트업은 이런 오픈소스 기술을 이용해 많은 비용을 줄이고, 개발 시간을 단축한다.

02

물리적 변화를 디지털화하는 사물 인터넷

크게 성장하는 시장

—

사물 인터넷은 물건 같은 사물에 부착된 센서를 통해 데이터를 획득할 수 있는 인터넷 기반 기술을 말한다. 대표적인 사물 인터넷은 우리가 사용하는 스마트폰이다. 스마트폰에는 GPS, 방향 센서 등이 부착되어 있다. 이 데이터는 네비게이션 등 앱에서 유용하게 사용된다.

공공 부문에서의 사물 인터넷 도입 효과는 총 4조 6,000억, 민간 부문은 14조 4,000억 달러에 달할 것으로 예상했다.(2014, Cisco) 사물 인터넷과 관련이 많은 스마트 시티 시장 규모는 2030년 약 $42.72조로 예상된다(Nikkei BP). 인프라스트럭처 시장 조사(Markets and Markets)에 따르면, 도시, 빌딩, 에너지, 파워플랜트, 이동 수단 산업군 시장 규모만 2015년 77.8억 규모이고, 이는 전체 사물 인터넷 시장의 38퍼센트 규모이다. 이 시장에서 건설 인프라스트럭처는 큰 영역을 차지하고 있다.

> 디지털 트윈에서 필요한 데이터를 얻기 위해서는 사물 인터넷이 필요하
> 다. 사물 인터넷을 통해 디지털 트윈이 필요한 음식을 얻을 수 있는데, 음
> 식의 종류는 디지털 트윈의 목적에 따라 다르다. 만약 에너지를 효과적으
> 로 관리하기 위한 스마트홈을 운영하는 시스템이 목적이라면 에너지 소비
> 데이터를 사용해야 할 것이다.

이를 통해 미래에 데이터가 어떻게 변화할지 시뮬레이션할 수 있고, 에너지를 절약할 수 있는 스마트홈의 목적을 달성할 수 있다.

인터넷으로 연결되는 사물

인터넷과 연결되는 센서인 사물 인터넷(IoT)은 스마트 시티와 같은 시장 잠재력이 높은 서비스를 구현하는 데 유용하다. 사물 인터넷이 성공적으로 적용되기 위해서는 여러 센서와 스마트 장치 간에 통합이 필요하다. 예를 들어 스마트 시티 같은 서비스의 예인, 스마트 주차 시스템은 주차장에 설치되어 차량을 인식하는 데 사용되는 CCTV 카메라, 차량 감지 센서에서 데이터를 공급받아 클라우드 시스템에 저장한다. 저장된 데이터는 클라우드에서 처리되어 차량 번호, 차량 출입 시간 등의 중요한 정보를 얻어 데이터베이스에 저장된 후 관리자에게 필요한 정보를 전달한다. 이 과정에서 다양한 센서, 컴퓨터 시스템 및 장

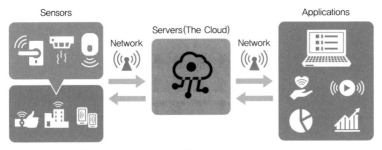

사물 인터넷 개념도(Rohm, 2019, What is IoT?)

비를 사용하게 되므로 이들 간에 데이터를 주고받는 방법을 구현하는
것이 매우 중요해진다.

사물 인터넷은 공간 정보와 함께 사용되기도 한다. 예를 들어 무인
자율 자동차에 설치된 네비게이션은 사물 인터넷 종류 중 하나로 볼
수 있다. 네비게이션에 연결된 GPS 센서는 현재 차량의 위치 정보를
생성한다. 이 정보는 클라우드에 기록되어 차량을 효과적으로 운전하
는 데 필요한 정보를 사용자에게 제공한다.

사물 인터넷은 반드시 물리적으로 보여지는 센서만을 말하지 않는
다. 특정 서비스에서 인터넷의 SNS 데이터를 사용한다면, 센서와 유
사하게 인터넷을 통해 관련된 데이터를 수집해야 한다. 이 또한 사물
인터넷의 범위에 들어갈 수 있다.

사물 인터넷은 스타트업이 경쟁력을 갖기 위해 사용하는 필수적인
기술이 되었다. 사물 인터넷은 실세계 데이터를 수집하는 데 가장 효
과적인 도구 중 하나이다. 이 기술을 이용해 많은 테크 기업들이 생겨
났고, 다양한 분야에서 이 기술을 적용하고 있다. 사물 인터넷이 사용

될 수 있는 분야는 농업, 교통, 도시, 금융, 건설, 엔터테인먼트 등 다양하다. 사물 인터넷으로 수집된 데이터는 이제 기업이 보호해야 할 핵심 재산이 되었다.

이제 사물 인터넷 활용 사례를 통해, 비즈니스가 어떻게 변화될 수 있는지 생각해보자.

활용 사례

도시

영국 런던 소재 대중교통 지도 앱 서비스인 시티맵퍼(Citymapper)는 SNS, 스마트폰 GPS 센서 데이터 등을 이용해 교통정보를 실시간으로 제공하고, 분석된 정보를 제공한다. 이 서비스는 전 세계 42개 도시의 교통정보를 제공한다. 시티맵퍼는 2014년 1,000만 달러 펀딩을 시작으로 2016년에는 4,000만 달러 펀딩을 성공시켰다.

농업

아일랜드 회사 무콜(Moocall)은 동물의 꼬리에 소형 센서를 부착해 소의 사망률을 최대 80퍼센트까지 줄이는 것을 목표로 하고 있다. 영국에서는 매년 11만 마리 이상의 송아지와 5만 마리 이상의 소가 합병증으로 사망한다. 무콜은 센서를 통해 데이터를 수집해 건강 관련 문제가 발생할 수 있는 데이터 패턴이 보일 경우, 이를 관리자에게 경고해 문제를 예방할 수 있다.

건설

건설 현장에서 안전문제가 발생하면 건설사는 매우 심각한 손해를 입을 수 있다. 스마트비드(Smartvid.io)는 드론, 스마트폰, 태블릿 등에서 얻은 사진 및 영상 데이터를 수집하고, 학습해 건설 현장에서 안전과 관련된 문제가 있는지를 관리자에게 알려준다. 예를 들어 작업자가 안전모 등 안전 장비를 사용하지 않는지를 자동으로 식별한다. 이 회사는 사물 인터넷과 인공지능을 이용해 85퍼센트의 정확도로 안전사고를 예측할 수 있다. 이 회사는 기술의 중요성을 인정받아 지금까지 2,100만 달러를 펀딩 받았다.

세계적인 건설사 스칸스카(Skanska)는 스마트비드 io에서 개발한 기술을 사용해 건설 현장의 데이터를 수집하고 현장의 리스크를 관리하고 있다.

최신 원격 모니터링 기술은 건설 장비가 어떻게 동작하는지에 대한

건설 현장 안전 규정 자동 검사 예(Smartvid.io)

상세한 정보를 제공할 수 있다. 건설 기계 장비에 사물 인터넷 기술을 적용해 센서로부터 장비를 모니터링하고 운영하면 많은 이익 증가를 기대할 수 있다.(Alan Safe, 2016)

중장비는 센서와 통합되어 원격으로 KPI를 모니터링할 수 있다. 이는 온도, 진동, 변동 같은 잠재적인 유지 보수 이슈와 관련된 데이터를 실시간으로 확인할 수 있음을 의미한다. 비정상 패턴이 발견되면 유지 보수 작업자에게 심각한 문제가 발생하기 전에 경고를 줄 수 있다. 사전 유지 보수 수행은 시간과 돈을 아껴주고 불필요한 시공 지연을 막아준다.

JCB India는 인도의 건설 장비 제조를 리딩하고 있다.(Wipro Digital, 2016) 이 회사의 비전 중 하나는 2만 개의 장치를 연결하는 것이다. 이를 위해 위프로(Wipro) 클라우드 기반 Industrial Internet Platform을 사용하고 있다.

빌딩

빌딩 분야는 사물인터넷(IoT) 기술을 접목하기에 가장 효과적인 건설 분야 중 하나이다. 사물 인터넷과 접목할 때 효과 있는 세부 분야로 Jacqi Levy(2016)는 BIM(Building Information Modeling), 그린 빌딩(Green Building), 사전제작시공(Prefabrication), 시공 관리를 언급하고 있다.

BIM은 3차원 기반 건물 정보 데이터베이스 모델링 방법으로 건설의 전 생애주기 정보를 담을 수 있다. BIM은 해외 공사 발주 시 의무화되고 있으며 국내 조달청 공공 공사 발주 시 BIM 모델을 의무적으로 제출하도록 하고 있다. BIM의 정보 모델은 국제 표준이다. BIM은 건축 부재에 부착된 IoT 센서 데이터를 연계하고 통합하는 표준화된 데이터 소스 역할을 할 수 있다.

> 오늘날 그린 빌딩은 공간이 비어 있을 때를 모니터링해 조명이 불필요할 때와 같은 불필요한 빌딩 시스템을 자동적으로 셧다운할 수 있다. 예를 들어 The Edge 상업용 빌딩(암스테르담)은 스마트 LED 조명 시스템을 사용한다. 3만 개 센서가 사물 인터넷을 통해 빌딩 관리 시스템에 연결되어 있다.

이 센서는 조도, 모션, 적외선, 온도를 측정할 수 있고, 이 데이터를 이용해 자동적으로 에너지 사용량을 조정할 수 있다. 밤에 빌딩의 공간이 사용되지 않는다면 해당 공간의 전등, 냉난방이 자동으로 꺼진다. 스마트폰을 이용해 거주자 공간의 조도, 온도, 습도를 제어할 수 있다. 이런 이유로 The Edge 빌딩은 다른 평균 상업용 빌딩보다 전력 사용량이 70퍼센트 이하이다. 싱가포르의 캐피탈 타워(Capital Tower)는 스마트 빌딩으로 사물 인터넷 기술을 사용하고 있다. 빌딩 환기를 위해 배기 팬은 센서와 연결되어 지능형 빌딩 관리 시스템의 제어를 받는다. 이런 기술은 ESG(Environmental, Social and corporate Governance) 비즈니스 모델의 핵심이 된다.

사전제작시공 기술은 기존 건설 방식보다 비용 대비 효과적이고 빠른 시공이 가능하다. 하지만 대형 상업 빌딩 프로젝트에서 이 방식을 사용하는 것은 매우 복잡한 조율 작업이 필요하다. 사물 인터넷은 이 문제를 해결하는 데 도움이 될 수 있다. RFID 센서를 사용하면 개별 부재는 건설 공급 체인에서 추적될 수 있다. 최근 런던의 리든홀 빌딩 (Leadenhall Building)의 시공 예가 이런 방식이다. 부재에 부착된 RFID 데이터는 3차원 건물 정보와 통합될 수 있다. 이를 통해 시공 과정 통제 및 KPI를 모니터링할 수 있다. 리든홀 빌딩은 부재의 80퍼센트 이상이 사전 제작되어 운송된 후 시공 현장에서 성공적으로 조립되었다. 오프사이트(Off-Site) 제작은 빌딩 프로세스를 더 안전하고 정밀하며 재활용 가능하도록 만들고 소음과 분쟁 소지를 줄여준다.

안전

OSHA(Occupational Health and Safety Administration, US)에 의하면, 2014년 20퍼센트 이상의 건설현장 작업자가 사망하고 있다고 한다. 치명적인 사망 원인으로는 '추락', '감전', '물체에 의한 충격', '물체 사이에 끼임' 등이 작업자 사망 원인의 60퍼센트를 차지하고 있다.

2016년, AIG는 HCS(Human Condition Safety) 스타트업 회사에 투자했다.(AIG) 이 회사는 사물 인터넷 기술을 사용해 작업자의 안전한 환경을 만드는 데 도움을 주고 작업 현장의 위험을 식별하고 줄이는 데 도움을 주는 기술을 개발한다. HCS는 웨어러블 기술을 적용한다.

만약 HCS 센서를 착용한 작업자가 중장비가 근처에 있는 위험한 지역에 들어가면 시스템은 작업자에게 안전한 위치로 이동하라는 경고를 주고, 그 중장비를 자동적으로 셧다운시킬 수 있다.

Inside Human Condition Safety Network Operations Center (NOC). Courtesy Human Condition Safety.

현장 관리자는 현장 환경 데이터에 접근할 수 있다.

SK솔루션은 두바이에 건설현장 안전과 관련된 사물 인터넷 시스템을 구축한 사례가 있다.(Zeus Kerravala, 2014.11) SAP HANA, SK 솔루션을 사용해 현장 장비에 센서를 부착한 후 정보를 취득한다. 정보는 실시간으로 수집되고 분석된다. 이 정보는 장비 중량, 위치, 이동, 무게중심, 온도 등을 포함하고 있다. 이 데이터는 SK Navigator 운영 시스템이 포함된 시스템에 제공되어 대시보드 및 모바일 장치에 제공된다. 이를 통해 작업자 안전성, 빠른 시공 시간, 휴지 시간에 대한 30퍼센트 효율성이 증가되었다.

Human Condition Global사는 건설현장 안전 이슈를 해결하기 위해 노력하고 있다.(Jeff Walsh, 2015) 이 회사의 비전은 2025년까지 작업현장의 사망사고를 없애는 것이다. 이 회사는 현장 안전 문제를 모니터링하고 문제를 예방하는 데 도움을 주는 시스템을 개발하고 있다.

스마트 홈

스마트 홈은 사물 인터넷 기술이 효과적으로 적용되기 시작한 분야 중 하나이다. 몇 년 사이에 수많은 사물 인터넷 기반 스마트 홈 제품이 출시되었으며 인텔에서 기술을 제공한 스마트 소형 주택이 샌프란시스코에서 공개되었다.(Mike Chino, 2015) 이 스마트 홈에는 인텔의 사물 인터넷 플랫폼이 사용되며 조명, 냉난방 설비 등을 스마트 홈 등을 이용해 원격으로 모니터링하고 관리할 수 있다.

LIXIL의 U²−Home 와 IoT 하우스는 거주자로부터 데이터를 수집하기 위해 센서를 사용한다.(World Economic Forum, 2016) 이 데이터는 인간 중심의 생활 거주 패턴과 통찰을 얻기 위해 사용된다.

IoT기반 스마트 하우스

헬스케어

헬스케어 분야는 생명과 관련된 복잡한 시설물을 모니터링하고 문제 발생 전에 해결하는 것이 중요하다. 노섬브리아(Northumbria) 대학 Specialist Emergency Care Hospical은 영국 최초의 24/7 응급 치료 병원이다.(Chris Topham, 2015) 이 병원은 3,200 KNX 장비들과 6,000 DALI 조명 시스템을 갖추고 있다. 사물 인터넷 네트워크를 통해 마취 가스 압력, 혈액 냉장 온도, 혈소판 교반기에 센서를 부착에 모니터링 하고 있다. 만약 가스 압력이 너무 낮으면 알람을 울려 내부 관리 직원에 경고를 한다.

스마트 시티

스마트 시티는 지속적인 도시 시민의 삶 개선을 위해 도시 개발 및 운영을 하는 체계이다. 사물 인터넷은 스마트 시티에 포함된 목표, 유스케이스, KPI를 고려해 적용되고 있다. 스마트 시티의 KPI를 모니터링하고, 관리하기 위해서는 도시를 구성하는 컴포넌트 빌딩, 교통, 안전, 재난/방재, 환경, 에너지/수자원 유틸리티 등 모든 것을 사물 인터넷화해야 한다. 이는 앞서 언급한 바와 같이 큰 비즈니스 기회로 다가오고 있다.

자산관리

자산관리는 건설 분야에서 가장 큰 시장 중 하나이다. 자산관리는 시공된 후 획득된 자산의 유지 보수, 운영 등을 포함한다.

CCC(Consolidated Contractors Company)는 세계 20대 건설업체 중 하나로 사물 인터넷 기술을 이용하고 있다.(Monitor Deloitte, 2015) CCC의 사물 인터넷 기술은 실시간 시각적 정보를 전 세계 40개국의 1만

6,500 자산 유지 보수 현황을 제공한다. 이를 통해 11퍼센트 개선된 사전 유지 보수를 할 수 있었으며 자산당 1,100달러를 매년 비용 절감할 수 있었다.

IBM 왓슨 연구소는 사물 인터넷 기술을 연구하고 있다.(CADDIGEST, 2016) 최근 개발한 사물 인터넷 클라우드 플랫폼을 이용해 빌딩 작업자가 작업에 편리한 환경을 만들기 위해 노력했다. 이 기술을 이용해 센서로부터 취득한 데이터를 분석하고 사람이 작업하기 편리한 환경을 만드는 데 사용하고 있다. IBM Watson IoT 플랫폼은 트라이리가(TRIRIGA) 시설물 관리 소프트웨어와 연계되어 활용하고 있다.

이외에 시설물 관리, 환경 관리, 물류, 스마트 그리드 기반 유틸리티 관리 분야에서 큰 기회가 있다. 향후 10년간 관련 분야에서 많은 스타트업 회사가 생겨날 것이고, 이들이 개발하는 서비스는 비즈니스 모델에 큰 영향을 줄 것이라 생각한다.

스마트함에 대한 고객의 요구와 사물 인터넷 같은 기술의 도입은 산업을 좀 더 콘텐츠 지향적인 사업으로 변화시키고 있다. 이는 많은 사람들에게 큰 기회와 도전이 될 것이다.

03

디지털 데이터 처리,
클라우드 컴퓨팅과 빅 데이터

클라우드 컴퓨팅은 인터넷 기반 서버의 네트워크를 활용해 데이터 저장, 관리, 처리, 분석 및 보안 기능을 지원하는 기술을 말한다. 데이터는 자체로 구축된 서버가 아닌 클라우드 플랫폼을 지원하는 회사의 서버를 사용한다. 예를 들어 아마존 AWS(Amazon Web Services), 마이크로소프트 Azure, 구글 Cloud 등이 이런 서비스를 제공한다.

서버 인프라를 아웃소싱함으로써 기업은 직접 컴퓨터 서버 인프라 개발팀을 고용하고 복잡한 소프트웨어 패키지, 오픈소스 설치, 보안 등 어려운 유지 관리 작업을 할 필요가 없어졌다. 기업은 데이터를 저장, 관리, 보안 처리하는 부분은 아웃소싱하고, 비즈니스 서비스 개발에만 집중하면 된다.

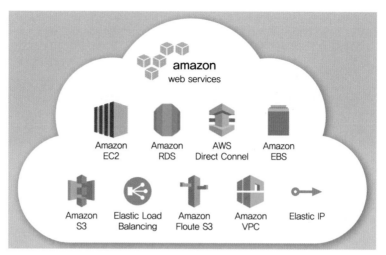

AWS 클라우드 컴퓨팅(Amazon)

이를 통해 기업은 서비스 개발 프로세스를 간소화하고 비용을 최적화할 수 있다.(euronovate, 2021, The role of Cloud Computing in Digital Transformation)

클라우드는 세 가지 유형의 서비스로 구성된다.

SaaS(Software as a Service)

클라우드 공급자는 소프트웨어 응용 프로그램 운영을 지원하고 고객에게 온디맨드(On Demand) 방식으로 서비스를 제공한다. SaaS의 몇 가지 예로는 구글 앱스(Google Apps), 드롭박스(Dropbox), 허브스팟(Hubspot) 등이 있다.

IaaS(Infrastructure as a Service)

인터넷 응용 프로그램을 개발하기 위해 소프트웨어 및 하드웨어 도구, 운영 환경, 데이터베이스, 컴퓨팅 자원을 제공한다.

PaaS(Platform as a Service)

스토리지, 데이터 보안, 네트워크 구성, 서버와 같은 컴퓨팅 자원에 대한 액세스를 제공한다.

클라우드 컴퓨팅은 디지털 비즈니스 혁신을 지원한다.

클라우드 컴퓨팅을 통해 기업이 사내 IT 리소스를 유지 관리하는 비용을 절감할 수 있다. 클라우드 솔루션은 비즈니스 요구 사항에 맞게 맞춤식으로 제공되며 사용한 서비스만 비용을 지불하면 된다. 이 경우 회사는 값비싼 IT 인프라를 유지 관리할 필요 없이 보다 저렴한 솔루션을 사용할 수 있다.

내부에 저장된 모든 데이터, 개인 정보는 사이버 공격 같은 해킹의 대상이 될 수 있다. 하지만 클라우드 컴퓨팅은 분산된 서버로 데이터를 백업할 수 있기 때문에 한 서버가 다운되더라도 다른 서버에서 데이터를 복구할 수 있다. 또한 클라우드는 개발자에게 API(응용 프로그래밍 인터페이스)를 제공해 서비스 개발 비용을 줄인다. 서로 다른 팀이 함께 작업할 있도록 협업 및 원격 접속을 제공한다.

빅 데이터 처리는 클라우드 컴퓨팅을 기반으로 수행된다. 클라우드에서 빅 데이터 처리를 수행하는 기업의 비율은 2017년 58퍼센트에서 2018년 73퍼센트로 증가했다.(i-SCOOP, 2018, Big data processing and

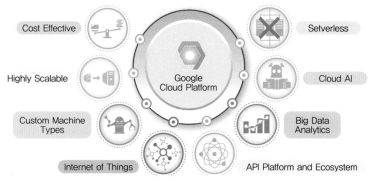

Google 클라우드 플랫폼(Google)

the shift to cloud and machine learning initiatives)

조직의 44퍼센트가 현재 100테라바이트 이상의 대규모 데이터 레이크(Lake) 위에서 정보를 추출한다. 어떤 조사에 따르면, 기업이 인공지능 머신러닝, 데이터 분석 기반 서비스 개발을 위해 클라우드로 빠르게 전환하고 있다고 보고하고 있다.(Qubole, 2018, Big Data Trends and Challenges) 이 조사에 따르면 인공지능 기반 데이터 분석 서비스 개발을 위해 가장 중요한 우선 순위는 데이터 보안이다. 그다음으로 고객 경험 최적화(49퍼센트), 데이터 예측(43퍼센트) 우선적으로 고려한다. 이로 인해 데이터 라벨링, 분석, 인공지능 모델 개발 등에 필요한 인력 수요가 크게 늘었다. 이러한 기술은 대부분 클라우드 컴퓨팅을 기반으로 동작한다. 아마존, 마이크로소프트, 구글 등 클라우드 컴퓨팅 제공 업체들은 인공지능, 사물 인터넷, 빅 데이터 분석 등 디지털 비즈니스 서비스 개발에 필요한 대부분의 기능을 몇 번의 클릭으로 손쉽게 사용할 수 있도록 관련 기능을 제공한다.

　클라우드는 기업의 서비스 개발 시간을 획기적으로 단축하는 데 큰 도움이 된다.

04

3차원 실세계를 디지털화하는 공간정보기술

공간 정보 기술의 새로운 혁신은 우리 삶의 많은 영역과 산업을 변화시킬 잠재력을 가지고 있다.

공간 정보 데이터 분석은 인공지능과 함께 가장 크게 성장한 영역 중 하나이다.(Geospatial Readiness Index)

원격 센서, 스마트 장치에서 사용할 수 있는 지리 공간 데이터 소스의 수가 크게 증가함에 따라 투자자는 이 데이터를 의미 있는 사용 사례로 구현할 수 있는 회사의 잠재적 가치는 높아지고 있다.

디지털 글로벌 기업인 애플과 구글도 3차원 라이다를 일반 시장에 판매하는 수준으로 기술을 혁신하고 있다. 예를 들어 애플 아이폰(Apple iPhone) 12 Pro에는 장치에 내장된 라이다(LiDAR, Light Detection

증강현실 개발도구 ARKit(Apple)

and Ranging)가 있다. 애플 아이패드 프로(Apple iPad Pro)는 레이저 펄스를 사용해 물체와의 거리를 측정하는 라이다 스캐너가 함께 제공된다. 이 장치에서 얻은 3차원 포인트 클라우드(point cloud) 데이터를 처리하면 깊이 있고 복잡한 3D맵을 만들 수 있다.

카메라와 라이다 시스템은 증강 현실 애플리케이션 성능을 향상시킨다. 애플의 아크잇(ARKit) 개발 도구를 이용하면 합성된 환경과 모델을 통합할 수 있다. 이는 현실에서도 디지털 모델을 현장으로 옮기거나, 완성된 건물의 경로를 가상으로 투어하거나, 건식 벽체가 경화되기 전에 단면 패턴을 체크하는 데 도움이 될 수 있다.

포켓 크기의 라이다는 현장 자재와 인력 이동 정보를 높은 정밀도로 각 단계별로 문서화할 수 있다. 라이다는 작은 균열, 위험한 구조물, 위험 장소에 대한 직접 검사 방법을 개선할 수 있다. 이런 기술들은 인공지능, 비전 기술과 융합해 자동으로 물리적 세계를 3차원 모델로 변환하고, 실시간으로 필요한 객체 정보, 형상 치수, 시계열 변화에 따른 모니터링 정보를 사용자에게 제공할 수 있을 것이다.

그럼 공간 정보의 활용 사례를 좀 더 자세히 살펴보자.

카메라, 이미징과 센싱

소형 위성 및 드론(Drones)을 포함해 데이터 수집을 위한 새로운 플랫폼이 개발되어 널리 채택되고 있다. 이로 인해 위성보다 정확한 타깃팅, 지속적인 관찰 및 모니터링 수행이 가능해졌다. 카메라와 센서의 해상도, 정확도가 크게 개선되어 수많은 새로운 지형 공간 사용 사례가 열렸다. 이런 성능 향상은 인프라, 자산관리 및 농업과 같은 분야에 중요하다. 영국은 스타트업 어스 아이(Earth-I)의 작업을 통해 정

인공위성 기반 원격 센싱

보 감시, 정찰 및 매핑을 수행하고 있으며 HAPS(High Altitude Pseudo Satellites, 고고도 의사 위성)를 통해 우주에서 고밀도 데이터를 생성하는 데 크게 성공하고 있다.

컴퓨터 그래픽 모델을 항공 이미지와 결합하면 도시 환경에 대한 심층적이고 미묘한 이해가 가능해져 매우 정확한 3D 모델 분석이 가능하다. 겟매핑(Getmapping) 및 블루 스카이 인터내셔널(Bluesky International) 같은 회사는 여러 데이터 세트와 항공 이미지를 결합해 특정 위치에 대한 깊은 이해를 얻는 제품 및 서비스를 개발했다.

블루스카이는 최근 영국 전역의 주요 도시를 포착하기 위해 3D 레이저 스캐닝과 수직 및 경사 이미지를 결합한 세계 최초의 하이브리드 항공 센서인 라이카 시티 매퍼(Leica City Mapper)에 투자했다. 이 회사는 어스 아이 스페이스(EARTH-I-SPACE)에서 고밀도 비디오 스트리밍

스캔을 통한 도시 스캔 및 데이터 캡처

실시간 비디오와 정지 영상을 제공하는 고해상도 위성 기반 스타트업이다.

어스 아이는 작고 민첩한 위성을 이용해 차량, 선박 및 항공기 같은 이동 대상에서 정확하게 이미지를 찍을 수 있을 뿐만 아니라 이미지와 고화질 컬러 비디오를 1미터 이상의 해상도로 제공하는 것을 목표로 한다. 이 프로젝트는 자산 관리, 3D 도시 모델링, 거리 협곡 이미징 및 유틸리티 조사를 포함한 광범위한 응용 프로그램을 위해 개발되었다.

지오베이션(Geovation)의 프롭테크(PropTech) 인큐베이터는 부동산 산업 스타트업을 지원한다. 대부분은 랜드인사이트(LandInsight), 리얼라이즈(Realyse) 및 어반 인텔리전스(Urban Intelligence)를 포함한 지리 공간 데이터를 사용하는 비즈니스이다.

백팩(Backpack)에 장착된 이미징 시스템과 카메라의 등장은 3D 도시 모델의 이미지 및 질감, 실내 공간에 대한 이미지 컨텍스트를 제공하고 평면도 매핑을 지원한다. 구글 트래커(Google Trekker)는 스트리트뷰(Streetview)에 대한 몰입형 이미지를 캡처하기 위해 측량사가 사용하는 백팩 스캔 시스템의 예이다.

라이다 기술

무인 자율 주행 자동차의 눈인 컴퓨터 비전은 도로 주변에 있는 모든 것을 3차원 데이터로 본다. 이런 첨단 자동차는 정확한 3차원 데이터를 얻기 위해서 어떤 기술을 사용할까?

라이다(LiDAR, Light Detection and Ranging)는 레이저 빛을 물체에 발사에 반사된 시간을 측정해 정확한 거리와 위치를 측정하는 기술이다. 라이다는 무인 자율 주행에 필요한 정밀 3차원 디지털 지도를 만들기도 하고 정밀한 건물 공사에 사용되기도 한다. 최근에는 디지털 트윈에 필요한 3차원 디지털 모형을 만들 때 사용되어 응용 분야가 급승하고 있다.

라이다는 1961년 레이저가 발명된 직후 개발되었다. 초기 라이다는 대기 측정과 우주 행성 측량 분야에서 사용되었다. 라이다가 사용하는 원리는 물체에 반사된 빛이 되돌아오는 시간을 측정하면 정확한 거리를 얻을 수 있다는 데 있다. 이 아이디어는 1930년 과학자 에드워드 허친슨 신지(Edward Hutchinson Synge)가 탐조등을 사용해 대기 밀도를 조사하기 위한 목적으로 제안되었다. 이 연구는 빛을 이용한 원격 측량의 효시가 되었다. 이후 라이다는 지리 공간, 건설, 광업, 농업과 같이 원격 측량이 필요한 곳에 활용되었고, 지금은 아이폰에도 라이다가 포함되어 있을 만큼 많은 사람들이 사용하고 있다.

라이다는 대상물 표면에 빛을 반사해 되돌아온 시간을 거리로 계산한 후 이 거리를 3차원 좌표들로 변환한다. 3차원 좌표는 3차원 공간에서 X, Y, Z 좌표인 포인트(point)로 구성된다. 라이다는 이 포인트의 집합인 포인트 클라우드를 짧은 시간에 만들어 낼 수 있다. 이 과정을 3차원 스캐닝이라 한다. 라이다는 보통 몇 미터에서 수 킬로미터 범위까지 대상물을 스캐닝할 수 있고, 카메라로 대상물을 측정한 것보다 높은 데이터 정밀도를 가진다.

라이다는 부착된 카메라에서 얻은 이미지를 측정한 포인트 클라우드에 투영해 정밀하고 실감 있는 3차원 디지털 모델을 생성한다. 이런 기술적 특징으로 인해 대중적 관심이 높은 메타버스나 디지털 트윈에 실제 3차원 세상을 만들고자 할 때도 이런 기술을 사용한다.

하지만 라이다는 정밀한 3차원 포인트 클라우드 데이터를 얻는 데 효과적이지만 이 데이터에서 무엇이 건물, 도로, 사람, 자전거인지 알지 못한다. 3차원 데이터에서 사물을 구분할 수 있다면 장애물을 정확히 피해 다니는 무인 자율 주행 자동차, 배송 로봇, 드론 등을 개발할 수 있을 것이다.

처음 라이다 기술이 사용될 때는 데이터에서 사물을 구분하는 일을 사람이 눈으로 확인하면서 수작업을 했다. 하지만 최근에는 사물을 구분하는 작업을 컴퓨터가 알아서 한다.

인공지능 기술을 잘 이용하면 컴퓨터가 3차원 데이터에서 사물을

스캔 기술(좌로부터 스캔 백팩, 라이다, 로버 기반 스캔, 드론 기반 스캔)

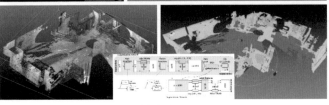

딥러닝 모델 기반 포인트 클라우드 객체 인식

구분하는 방법을 가르칠 수 있다. 딥러닝으로 알려진 인공지능 기술은 학습용 데이터를 미리 준비해놓고 데이터에 무슨 사물이 포함되어 있는지를 컴퓨터에 학습시킨다. 학습된 모델을 이용하면 주어진 데이터에 무슨 사물이 어느 위치에 있는지를 알 수 있다.

3차원 데이터를 많이 확보할수록 학습 모델을 만들기 쉬워지고 다양한 목적으로 사용할 수 있다. 미국 국립표준기술연구소(NIST, National Institute of Standards and Technology)는 2018년 도시를 3차원 디지털화하는 포인트 클라우드 시티 프로젝트를 시작했다. 여기서 얻은 데이터는 디지털 도시 지도 구축, 재난재해 모니터링, 로봇 기반 배송 등에 활용된다. 우리나라는 2022년까지 전국 일반 국도 정밀 도로지도를 구축하기로 했는데, 이는 자율 주행에 필요한 데이터를 얻기 위한 목적이다.

앞으로는 3차원 데이터를 사용하는 곳이 더욱 많아질 것이다. 이미 10대들은 3차원 디지털 세계에 익숙하다. 젊은 층은 메타버스를 어려운 개념으로 이해하는 것이 아니라 3차원 디지털 세계 속에서 콘텐츠를 즐기고 소통하기를 좋아한다. 스마트폰에 포함된 라이다는 3차원 데이터를 손쉽게 만드는 기폭제가 될 것이다. 영화 〈매트릭스(The Matrix)〉처럼 실감 있는 3차원 디지털 세계는 먼 미래가 아닐 수 있다. 라이다는 정밀하고 실감 있는 3차원 디지털 세계를 만드는 데 큰 역할을 할 것이다.

무인 드론(Drone)

드론은 지도 맵핑 공중 플랫폼으로 사용된다. 경량 패키지, 우편 서비스 및 의약품의 배송을 위한 배송 시스템으로 사용되고 있다. 최근에는 도시 지역 내에서 승객을 운송하기 위해 드론이 개발되고 있다. 지리 공간 부문 내에서 데이터 수집을 위한 도구로 드론을 적용하는 것은 일반화되었다. 예를 들어 영국의 경찰 대부분은 현재 지속적인 감시 및 최초 대응 상황에서 행위자를 추적하고 식별하기 위해 드론을 사용하고 있다.

서섹스(Sussex)시는 현재 영국에서 가장 큰 복합 무인 항공기를 보유하고 있다. 드론은 영국 전역의 에너지 분배 자산 및 네트워크 상태의 모니터링 및 검사를 지원하는 데 점점 더 많이 사용되고 있다. 이러한 많은 검사는 딥러닝과 CNN 신경망을 사용해 다양한 유형의 결함과 이상을 식별하기 위해 컴퓨터 비전(Cmputer Vision)을 활용하고 인프

무인 항공기

라 자산의 이미지를 인식하기 시작했다.

여객기 및 배달 무인 항공기는 2016년 중국 전자 신생기업 이항 (Ehang)이 소비자 가전 전시회에서 소개했다. 이 회사는 현재 3,700만 파운드 이상의 기금을 모금했다. 그 이후 두바이는 드론 기반 택시 서비스를 시작했으며 2030년까지 4분의 1의 여행을 위해 자율 주행 차량을 갖겠다는 야심을 가지고 있다.

아마존은 2016년 영국 최초의 드론 소포 배송을 성공적으로 시연했고 NATS(National Air Traffic Services) 및 기타 업체들이 향후 드론을 대규모로 출시할 수 있도록 추가 작업을 진행하고 있다. 향후 10년 동안 무인 항공기들을 사용해 소포 및 승객 배송 영역으로 매핑 및 모니터링할 것으로 예상된다.

지리 공간 데이터 외에도 전달 및 승객 시스템 모두 운영을 지원하기 위해 다양한 수준의 지리 공간 기반 제어가 필요하다. 여기에는 최소한 지리 인식, 지오 펜싱 및 GNSS(Global Navigation Satellite System) 기반 위치 요구 사항과 같은 시스템이 포함된다.

고정밀 측정과 3D 스캐닝

3차원 스캔 기술은 고정밀 측량 및 측정에 사용되며 다양한 건설 자동화의 눈 역할을 하는 핵심적 기술이다. 이런 기술은 지상, 지하 및 실내 위치 확인 시스템을 뒷받침하며 영국의 가장 유명한 산업의 중심에 있다. 사물 인터넷, 자율 주행 차량, 빌딩 정보 모델링, VR, AR 및 MR(Mixed Reality, 혼합현실) 같은 수많은 신기술을 구현하는 데 중요하다.

최근 포지셔닝 및 스캐닝 기술의 개선은 여러 가지 새로운 지리 공간 기회를 계속 가능하게 할 것이다. 연결된 장치가 실시간으로 신호를 전송하여 위치 정보를 수집하고 통신하는 사물 인터넷 시스템 같은 복잡한 센서 시스템을 대규모로 운영하려면 보다 정확하고 정밀한 포지셔닝(Positioning, 위치 결정) 시스템이 핵심이다. 지형 공간 기술은 탐색 및 추적을 지원하기 위해 여러 개의 GNSS 소스를 활용하고 있다. 지면에는 측량 및 측정에서 점점 더 많은 센서가 보급되고 있다. 원격 측정은 지상 기반 원격 센서가 고정 데이터 수집 시스템으로 데이터를 전송하는 전통적인 프로세스이다. 지상 센서의 발전은 위치가 실내 및 더 먼 위치로 확장될 수 있는 유비쿼터스 포지셔닝을 가능하게 한다. 이를 통해 여러 원격 센서를 사용해 측량 및 측정을 수행할 수 있으며 사물 인터넷 시스템의 중요한 위치 기반 네트워킹을 통해 여러 센서가 지속적으로 통신할 수 있다.

아마존 주문 처리 센터(Amazon Fulfillment Center)는 100만 평방 피트 규모의 아마존 창고로 초당 최대 64개의 판매를 지원한다. 고정밀 라이다 신호는 이 창고에서 자율 로봇의 성공적인 작동에 중요하다. 단일 로봇이 주변 환경의 동적 맵을 구축하고, 이 맵 내에 위치를 참고해 변화하는 환경을 탐색할 수 있다.

SLAM(Simultaneous Location and Mapping)은 사용자(또는 자율 장치)가 실시간으로 생성된 맵을 사용하면서 동적 맵을 작성하고 복잡한 환경을 탐색할 수 있도록 한다. SLAM을 사용하면 환경이 너무 위험한 상황에서 GIS 데이터를 원격으로 만들 수 있다.

노팅엄에 본사를 둔 GeoSLAM은 2018년 3DLM과 합병하기 전에 3D 모바일 매핑 및 모니터링 기술을 개발하기 위해 540만 파운드의 투자를 받았다. 사진측량기술을 사용하면, 영상 촬영을 통해 3차원 스

3차원 스캔(GeoSLAM)

캔 데이터를 얻을 수 있다. 다양한 각도로 사진 촬영이 가능한 드론은 사진측량기술을 접목할 때 좋은 도구가 되었다.

3차원 스캔 도구는 산업 현장을 실감 있는 3차원 디지털 모델로 맵핑한다. 이 기술은 정확한 3차원 지면 데이터를 제공하며 몰입형 환경을 개발하기 위한 렌더링 모델을 제공하는 등 여러 요구 사항에 사용할 수 있다.

지리 공간과 연결된 인공지능

획득된 이미지, 스캔데이터, 센서데이터는 인공지능을 통해 미래를 예측하고 중요한 의사결정 정보를 지원해준다. 인공지능은 향후 몇 년간 영국 지리 공간 부문의 주요 성장 분야 중 하나이다. 위성 비디오 이미지 및 CCTV 영상 같은 다양한 유형의 영상과 음성 및 자연어 데이터를 이용한 머신러닝은 샘플 데이터를 기반으로 통계 모델을 구축해 작업을 수행하도록 프로그래밍하지 않고도 예측 또는 결정을 내릴 수 있다.

최근에는 자원 투자 분야에서 변화 감지 알고리즘을 적용해 삼림 벌채의 새로운 영역 식별, 도시 개발 또는 재난 발생 후 피해 평가 매핑을 지원하는 등 변경 영역을 자동으로 분석한다. 예를 들어 렐로어아이(Ryelore AI)는 금융기관이 더 나은 투자 결정을 내릴 수 있도록 위성 이미지에서 패턴을 감지할 수 있는 딥러닝 알고리즘을 개발했다.

환경 보호 목적으로 유사한 기술을 사용하는 다수의 신생 기업이

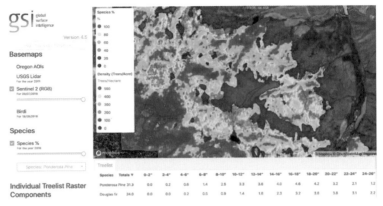

Global Surface Intelligence

있다. 글로벌 서피스 인텔리전스(Global Surface Intelligence)는 지표면 자
원 관리 정보를 제공하기 위해 AI 시스템을 개발한 신생기업인 지리
공간 회사는 토지 관리를 위해 이 기술을 활용하고 있다.

어반 인텔리전스(Urban Intelligence)에는 개발 적합성에 따라 토지에
대한 '신용 점수'를 제공하는 AI 시스템이 구축되어 있다. 기계학습은
특정 고객 행동에 리스크 프로파일을 할당하는 데 더욱 효과적이다.
예를 들어 자동차보험 시장 내에서 운전자 행동 패턴은 현재 온보드
장치가 장착된 인공지능 시스템에 의해 처리 및 분석되고 위치에 연결
되어 맞춤형 분석을 제공한다.

영국의 Gyana 같은 솔루션 회사는 '지오소셜 네트워킹'을 활용했다.
Gyana는 소매점을 포함해 여러 시장에서 경쟁 시장 점유율을 예측하
고, 고객 행동 선호도를 공개하며, 물리적인 집수 지역을 파악하고 마
케팅 ROI를 분석한다. 미래에 ML 시스템은 인간 행동 패턴을 훨씬

빠르고 정확하게 찾을 수 있을 것이다.

> 위치 정보에서 GNSS 및 위치 지정 기술은 AI의 영향을 받아 물류 및 내비
> 게이션 시스템과 같은 산업에 영향을 미친다. 예를 들어 실시간으로 수백
> 만 개의 GPS 포인트를 처리함으로써 시스템은 트럭 운전사 및 운송업자
> 의 도로 및 교통 상황 변화를 예측할 수 있다.

Geollect는 지리 공간 이미지 분석을 제공한 후 이 정보를 다른 위치 데이터 피드와 오버레이해 해상 무역 부문에 대한 실시간 안전, 보안 및 위험 평가를 생성하는 신생 기업이다.

커넥티드(Connected) 및 자율 주행(Autonomous Vehicles) 같은 미래의 응용 프로그램이 현실화될 경우 라이다 및 레이더(Radar)에는 향상된 자동 분석 기능이 필요하다. E-CAVE(Connected and Autonomous Vehicle Environments) 프로젝트는 차량 위치 및 안전 정보를 실시간으로 공유할 수 있는 방법을 탐색하는 것을 목표로 한다.

공간 정보와 연결된 사물 인터넷

스마트 기기와 연동되는 센서 및 사물 인터넷은 공간 정보와 연계되어 스마트 시티와 같은 잠재력 높은 서비스를 구현하는 데 활용된다. 사물 인터넷의 진정한 가치를 실현하려면 '스마트 시티' 또는 기타 대규모 연결된 생태계의 여러 센서와 스마트 장치 간에 더 큰 통합이

필요하다. 스마트 시티 애플리케이션은 여러 서비스 및 비즈니스에 걸쳐 통합 사물 인터넷 네트워크 장치에 의존된다.

시티펄스(CityPulse)는 운전자에게 도로 상황에 대한 실시간 분석을 제공할 수 있는 경로 계획 시스템을 제공하기 위해 덴마크에서 시험 프로젝트를 진행하고 있다. 이러한 발전은 위치 기반 기술을 사용해 정체, 오염 및 에너지 소비 문제를 해결하려고 한다. 어반 호크(Urban Hawk)는 여러 지역 및 타임스탬프 센서 및 공공 부문 데이터 세트에서 수집한 데이터를 수집 및 통합해 도시지역 자산 보안 및 복원력을 모니터링한다.

운송 활동을 분석하는 데 사용되는 휴대폰 센서 데이터가 점점 보편화되고 있다. 시티매퍼(Citymapper, 자금으로 약 4,000만 파운드를 모금했다) 외에도 크라우드 소싱 모바일 데이터를 사용해 도시와 지방 의회에 교통 정보를 제공하는 스타트업이 많이 있다.

농업에서 사물 인터넷의 주요 목표는 수질, 토양 상태, 주변 온도, 수분, 관개 및 비료와 같은 중요한 환경 요소를 모니터링해 작물 생산을 개선하는 것이다. 신생 기업인 웰 카우(Well Cow)는 사물 인터넷 및 공간 정보 시스템을 사용해 가축 위치와 행동을 모니터링해 생산성을 향상시킨다.

2018년에 Tamoco는 GeoSpock과 협력해 센서 기반 지리 공간 분석을 대규모로 제공했다. Tamoco의 센서 및 비콘 데이터 세트는 Geospock의 색인 엔진에 공급되어 도시, 커뮤니티 및 기타 복잡한 환경에 대한 신속하고 실행 가능한 지리 공간 정보를 추출한다.

미래의 스마트 에너지 그리드 관리를 모니터링하고 지원하기 위해 센서에 사용되는 지리 공간 분석 기회가 있다. 이 그리드는 연결된 장치와 센서(스마트 미터 및 스마트 기기 포함)로 구성되며 실시간으로 지역 에너지 사용량의 변화를 감지할 수 있다.

지리 공간 신생 기업인 에네르게오(Energeo)는 지리 공간 기술을 활용해 전기 자동차의 지리 위치 충전소 관리를 지원하는 스마트 그리드의 출시를 지원하기 위해 노력하고 있다.

스마트 더스트는 새로운 센서 유형으로, 모니터링 및 영역 감시 기능을 제공한다. 이 센서는 또한 장치에서 데이터를 저장 및 처리하고 클라우드 또는 엣지 컴퓨팅 센터와 통신할 수 있다.

가상, 증강, 몰입 현실

시공간 제약을 없애는 기술로 몰입 현실은 사람들의 관심을 받고 있다. 다만, 아직은 활용 분야가 엔터테인먼트, 인테리어 등에 한정된다.

3D 골격 구조부터 건물의 실시간 디지털 표현으로 업데이트되는 인텔리전트 포인트 클라우드(Intelligent Point Cloud)에 이르기까지 몰입형 현실 내에서 모든 수준의 지형 공간 정보를 제공할 수 있다. 라이다 같은 지리 공간 획득 기술은 몰입형 모델에서 더 높은 수준의 세부 사항과 컨텍스트를 제공한다.

국방 분야는 VR 및 AR 혁신이 진행되고 있다. 이러한 기술은 군인

몰입형 증강현실 기술

들이 갈등을 준비할 때 훈련 조건을 개선하는 데 사용된다. AR은 웨어러블 모바일 장치를 사용해 사용자를 새로운 지리적 위치로 이동시켜 컨텍스트를 구현할 수 있다.

몰입형 기술은 디지털 공간을 만들어 물리적 환경을 에뮬레이션해 환경과 시각화하고 상호 작용할 수 있도록 한다. 트림블(Trimble)은 최근 몰입 기술(Immersive Technologies) 분야로 진출한 지리 공간 기술 회사의 예이다. 트림블의 솔루션은 현장 작업자에게 혼합 현실을 제시해 계획 프로세스와 건설팀이 작업 중인 실제 물리적 환경에서 시각적 데이터를 정확하게 정렬한다. 이를 통해 작업자는 실제 상황에서 모델을 오버레이하면서 모델을 검토할 수 있다. 현장의 건강 및 안전 혜택뿐만 아니라 상당한 시간과 비용 절감으로 이어진다. 몰입형 기술은 중요한 지리 공간 데이터를 제시하고 전달하는 새로운 방법을 제공한다.

시뮬레이션

시뮬레이션은 시행착오와 재작업을 줄여준다. 공간정보와 연계되어 가치를 높여가고 있다. AI 및 ML의 발전으로 다차원 모델링 및 시뮬레이션은 조직의 유지 관리 및 의사 결정 프로세스를 향상시킨다. 영국은 홍수 위험 모델링 및 시뮬레이션, 대기 오염 모델링 및 환경 소음 매핑을 위한 이러한 기술과 관련된 프로그램을 진행하고 있다.

특정 지역의 디지털 트윈을 구축하고 관련 변수를 조작해 가능한 효과를 모델링하는 작업이 가능하다. 스마트 시티스(Smart Cities)는 도시계획을 모델링하고 시뮬레이션하는 스마트 센서 기능으로 이러한 시스템을 조정한다. 이러한 기술은 'Smart Port 2030' 같은 이니셔티브 같은 혁신 이니셔티브를 지원할 수 있다.

연결성

5G 및 향후 6G에서 제공하는 더 빠른 속도와 더 낮은 대기 시간은 데이터를 보다 효율적이고 안전하게 전송할 수 있게 한다. 네트워크 연결 기술은 데이터가 전송 및 교환되는 통신 인프라를 지칭하며 여기에는 위성 통신, 고정 및 이동 통신 네트워크가 포함된다. 5G 기술은 기존의 고주파 스펙트럼을 사용해 빠른 데이터 전송 속도를 가능하게 하여 모바일 장치에서 쉽게 3차원 스캔 데이터 등 공간 정보 빅 데이터를 다운로드 및 업로드할 수 있다.

무인 자율 주행차 및 드론의 관제는 5G 기술이 큰 도움이 될 것이다. 이런 기술은 시간 지연 없이 데이터를 교환할 수 있는 초고속 네트워크를 필요로 하기 때문이다.

05

디지털화된 신뢰, 블록체인과 비트코인

디지털의 보안, 거래, 무결성을 블록체인(Blockchain) 기술로 해결하기 위한 투자가 많아지고 있다.

> 블록체인과 비트코인은 금융 분야에서 시장 파괴적 도구로 인식되고 있다.

비트코인(Bitcoin)은 블록체인(분산원장)을 유지 운영하는 커뮤니티에 비용을 지불하기 위해 마이너(miner, 채굴자)가 수학적인 문제를 풀어 블록을 생산하고 대가를 얻도록 설계된 디지털 토큰이다.

블록(원장)은 코인 거래 내역이 기록되고 분산 관리된다. 이 기술을 지지하는 많은 사람들은 블록체인을 통해 은행같은 중개자 없이, 비즈니스 거래를 민주적이고 자율적인 커뮤니티로 구현할 수 있다고 믿고 있다.

블록체인은 아직 기술적으로 해결이 안 된 문제들이 많다. 운용 방식에 따라 해킹에 안정적이지 않으며 거래를 장부에 기록하고 합의에 거치는 시간은 실시간이 아닌데다, 기존 클라우드 방식으로 해결할 수 있는 대안도 존재한다.

블록체인 구현은 계약의 신뢰가 바탕이 되어야 한다. 이는 이해 당사자들이 서로를 대하는 태도에 크게 영향을 받는다.

블록체인을 기반으로 신뢰를 디지털화하는 기반 스마트 계약(smart contract)을 살펴보자. 스마트 계약은 금융, 물류, 건설, 스마트 시티 등에서 중요한 기술 요소이다.

스마트 계약 개념

스마트 계약(smart contract)이란 블록체인 기반으로 금융 거래, 부동산 계약, 공증 등 다양한 형태의 계약을 체결하고 이행하는 것을 말한다.(wikipedia) 스마트 계약은 1996년 닉 자보(Nick Szabo)가 처음 제안했다. 스마트 계약 기술은 트랜잭션(transaction, 거래)이 있는 모든 곳에 응용하고 활용할 수 있다.

A, B간에 날씨에 따른 스마트 계약을 했을 때는 계약이 참여자 간 분산되어 실행되며 참여자 간 동의 없이 취소될 수 없고, 계약 실행 조건이 변경될 수 없다. 이를 위해 계약은 프로그램으로 작성되며 계약

과 거래는 분산 저장된다.

블록체인 개념은 P2P와 유사하다. P2P와 마찬가지로 블록체인 기반 트랜잭션 관리는 다음과 같은 효과를 얻을 수 있다.

분산 처리 : 데이터가 네트워크 상 분산 처리되어 가용성(availability)이 높아짐.

결함 허용 : 분산 처리된 데이터 중 하나에 무결성 문제 발생 시 다른 곳의 데이터로 복구할 수 있음.

자원 공유 : 데이터 저장소와 컴퓨팅 계산 자원을 공유할 수 있음.

데이터 신뢰성 : 분산된 데이터를 모두 위조하지 않은 이상은 데이터 변경이 어려움.

추적성 : 데이터 변경 시 이력을 블록체인으로 형상 관리하면 변경 시점과 정보를 추적할 수 있음.

블록체인 동작 방식

블록체인의 핵심 개념은 중앙 서버에서 거래(트랜잭션)의 무결성, 신뢰성, 추적성을 관리하는 것이 아니라 거래 참여자들이 트랜잭션 정보를 분산 저장해 신뢰성을 확보하는 것이다.

블록체인을 이용한 비트코인 기본 동작 과정은 다음과 같다. 참고로, 블록체인을 개발한 사토시 나가모토(Satoshi Nakamoto)가 쓴 논문과 이더리움 위키를 읽으면 전체 개념을 알기 쉽다.

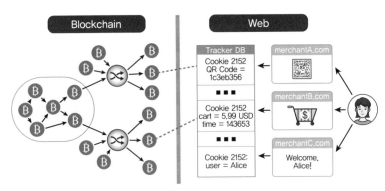

참여자 간 거래 내역을 블록체인으로 보관(MIT Technology Review)

1. A가 B에게 송금.

2. 블록(장부)이 생성됨.

3. 생성된 블록이 블록체인 참여자들에게 전파됨.

4. 참여자들이 해당 거래의 신뢰성을 체크함.

5. 신뢰성이 확보되면 해당 블록은 기존 블록체인에 추가됨.

6. 양쪽의 거래 완료.

하나의 블록에는 정해진 개수만큼의 거래 이력이 기록된다. 거래 이력은 수학적으로 유일한 번호를 생성할 수 있는 해시함수(hash function)로 계산되어 위변조가 발생되지 않도록 보안한다. 각 블록과 거래는 해시 값, 데이터 발생 시점의 타임스탬프(timestamp)를 관리함으로써 위변조를 막고 거래 이력을 추적할 수 있다.

비트코인이 제안된 당시 전자화폐라는 개념은 새로운 아이디어가 아니었다. 비트코인 기술의 목적은 거래를 확인하는 데 필요한 제3자(은행, 대행사, 공급 업체 등)를 제거하는 것이었다.(물론, 비트코인 거래소가 중간에 끼어들면 기존 방식과 동일해진다.) 이를 위해 비트코인은 거래 당사자의 거래 데이터를 공개적으로 참여자들에게 전송하고 컴퓨팅 계산 시 거래 데이터를 암호화에 사용된 기술을 적용해 트랜잭션 암호화된 데이터 블록에 연결하도록 시스템을 디자인한다. 블록은 이전 블록에 종속적으로 연결되어 있으므로 해체, 수정 및 재구성이 거의 불가능하다. 블록체인은 이해 관계자가 각자 보유하므로 분산되고 견고하다.

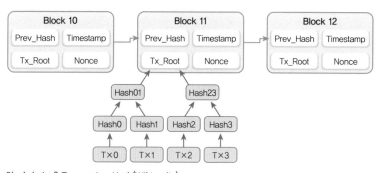

Blockchain & Transaction Hash(Wikipedia)

이더리움과 스마트 계약

───

이더리움은 비탈릭 부테린(Vitalik Buterin)이 개발한 블록체인 기반 스마트 계약 개발지원 분산 플랫폼이다. 이더리움 화폐 단위는 이더 (ETH)이다.

이더리움은 블록체인 기반 암호 화폐 거래 기술을 스마트 계약 플랫폼으로 확장했다. 계약 방식을 디지털화할 수 있는 이더리움 플랫폼은 전 세계에 많은 컨소시엄이 만들어지는 계기가 되었고, 블록체인 기반 계약에 대한 관심을 크게 촉발시켰다. 현재 거래, 투표, 형상 관리 등 스마트 계약과 관련된 많은 애플리케이션이 개발되고 있다.

이더리움은 이더리움 가상 머신(EVM) 기반으로 동작한다. 이 가상 머신 기반으로 실제 스마트 계약 모델을 개발하는 방법은 사실 쉽지는 않다. 이런 이유로 솔리디티(solidity)와 LLL(Low-level Lisp-like Language) 같은 계약을 프로그래밍할 수 있는 언어가 개발되었다. 스마트 계약 개념은 이제 아날로그 계약 방식을 대체할 파괴적 기술이 되어가고 있다.

NFT(Non fungible Token. 대체 불가능 토큰)

───

2021년 25일, 미국 CNN 방송에 따르면 캐나다 작가 크리스타 킴이 NFT 기술을 사용해 제작한 디지털 집 화성 하우스(Mars House)가 약 50만 달러에 판매되었다고 밝혔다. (연합뉴스, 2021, 살지도 못하는 '디지

NFT 기술을 사용해 판매된 디지털 집(NFT Mars House, Courtesy Krista Kim, CNN)

털 집'이 5.6억 원에 팔려… 가상현실로 체험)

이 디지털 집은 3D로 디자인되었고, 가상현실이나 메타버스 기술로 경험할 수 있다. 결제 통화는 이더리움이었다. NFT는 암호화폐인 비트코인처럼 복제가 안 되는 블록체인에 콘텐츠의 고유한 데이터를 결합시켜 가치를 높일 수 있다. NFT는 미술과 같은 예술 분야에 먼저 활용되고 있다.

블록체인은 앞서 소개한 바와 같이 새로운 기술은 아니다. 다만, 중앙 집중식 제어로 해결하기 어려운 문제들을 블록체인 기술과 이더리움 같은 스마트 계약 플랫폼이 해결해 줄 수 있을 거라는 기대감이 높아지고 있는 것은 사실이다. 이런 관점에서 금융, 물류, 건설, 스마트 시티 등과 관련된 서비스 트랜잭션, 콘텐츠 모델 이력 추적 관리 등에 활용 방안이 논의되고 있다. 블록체인 플랫폼은 스마트 계약 구현에서 중요한 역할을 담당하고 있다. 향후, 발전 방향을 예의주시할 필요가 있다.

06

디지털 기술의 대중화, 오픈소스

마이크로소프트는 2018년 6월 깃허브(Github)란 소프트웨어 플랫폼을 8조 원(75억 달러)으로 인수했다. 깃허브는 오픈소스 기반 개발자 협업 및 형상관리(configuration management) 플랫폼이다. 톰, 크리스, 피제이 개발자 3명이 2007년부터 개발을 시작해 전 세계에 서비스되었고, 오픈소스 프로젝트 협업의 표준이 되었다.

IBM도 오픈소스 운영체제인 레드햇(Red Hat)을 2019년 340억 달러에 인수했다.

현재 오픈소스는 이제 디지털 비즈니스의 핵심 요소이다. 디지털 도구의 대부분은 오픈소스로 공개되어 있다. 이를 잘 활용하는 기업은 비즈니스에서 큰 성공을 얻을 수 있다.

오픈소스 운영체제인 리눅스(Linux)는 클라우스 시스템을 구성하는 서버에서 기본으로 사용된다. 리눅스는 토요타(Toyota) 같은 제조회사, 금융 서비스 회사, 엔터테인먼트 회사, AT&T와 같은 통신 회사에서 채택되었다.(Mitch Wagner, 2018, The Open Source Revolution Is Over – the Revolutionaries Won, LightReading)

구글은 오픈소스인 안드로이드(Android)를 비즈니스에 효과적으로 활용해 세계 최대의 운영 체제를 가진 회사가 되었다. 구글은 처음부터 오픈소스 DNA를 가지고 있었다. 구글의 검색엔진을 처음 개발할 때, 오픈소스 리눅스 서버를 기반으로 이를 개발했다. 그 이후로 구글은 인공 지능을 위한 텐서플로우(TensorFlow), 컨테이너 관리를 위한 쿠버네티스(Kubernetes), 크롬(Chromium) 웹 브라우저 같은 오픈소스 프로젝트를 2,000개 이상 개발했다. 현재 구글은 오픈소스 생태계를 주도하고 있다.

오픈소스의 비즈니스 파워는 어디에서 나오는가?

오픈소스는 1950년대에 무료 소프트웨어와 함께 시작되었다. 오픈소스는 미국 학문 영역에서 그 뿌리를 찾을 수 있다.(Nadav Weissman, 2016, The Open Source Revolution, WhiteSource) 대학교 연구자들이 컴퓨터 소프트웨어를 개발하기 시작했을 때, 하드웨어와 함께 소프트웨어 소스 코드도 공개했다. 이들은 연구한 새로운 분야를 발전시키기 위해 작업을 공유하고 서로에게서 배워야 한다고 생각했다.

1960년대 후반, 소프트웨어가 상용화되었고 개발 비용이 기하급수적으로 증가했다. 이로 인해 점점 더 많은 소프트웨어 공급업체가 자

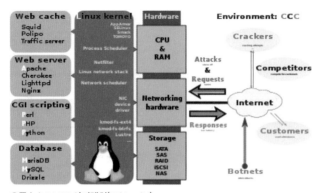

오픈소스 LAMP 아키텍처(Wikipedia)

신의 솔루션을 라이선스로 판매하게 된다.

1970년대 초반 AT&T는 초기 버전 유닉스(UNIX)를 정부 및 학계 연구자들에게 무료로 배포했지만, 1980년대 초반에 무료 배포가 중단되었다. 이런 흐름에 대한 반발로 리처드 스톨먼(Richard Stallman)은 1984년에 GNU 프로젝트를 시작해 자유 소프트웨어 운동을 시작했다.

1990년대 후반 LAMP(Linux, Apache, MySQL, PHP)가 오픈소스 프로젝트로 개발되면서 스타트업은 디지털 비즈니스 서비스 개발 비용을 획기적으로 절감할 수 있었다. 참고로 LAMP 기술은 수많은 유니콘 기업을 탄생시켰는데, 페이스북은 그중의 하나이다.

에릭 레이먼드(Eric Raymonds)는 1997년에 출판된 책 『성당과 시장』(The Cathedral and The Bazaar)에서 자유 소프트웨어 개발의 대성당 모델과 시장 모델을 분석했고, 완전히 공개적으로 개발되는 오픈소스 모델에서 버그를 찾고 수정하는 것이 훨씬 쉽다고 설명했다.

오픈소스라는 용어는 1997년에 이르러서야 리처드 스톨먼의 자유 소프트웨어 운동(Free Software Movement)에서 채택되었다. 이듬해 넷스케이프(Netscape)는 Mozilla.org를 통해 웹 브라우저의 소스 코드를 공개했다. 브루스 페렌스와 에릭 레이먼드는 오픈 소스 이니셔티브(Open Source Initiative)를 설립했고, 기업 후원을 받아 오픈소스 운동의 초석이 되었다.

현재 많은 스타트업이 오픈소스 프로젝트에서 시작되는 경우가 많다. 깃허브(Github)에 오픈소스를 올려보고 사람들의 반응을 살펴본 후 괜찮으면 스타트업으로 투자를 유치 받았다. 인공지능, 사물 인터넷, 빅 데이터, 클라우드 등 이런 핵심 기술의 기반은 오픈소스로 공개되어 개발되고 있고, 디지털 기술이 능숙한 스타트업이나 전문가들은 오픈소스를 기반으로 비즈니스 모델과 서비스를 구축한다.

오픈소스는 구글처럼 사람이 소프트웨어와 서비스를 개발할 때 오픈소스를 기반으로 일하는 방식과 습관이 되었다. 이는 실리콘밸리에 내재된 DNA이며 핵심 경쟁력이다.

오픈소스로 공개된 Netscape 3.0 버전(Netscape)

디지털 트윈과
메타버스

New Normal Digital Transformation

01

디지털 트윈이란?

스티븐 스필버그가 연출한 영화 〈레디 플레이어 원〉(Ready Player One, 2018)을 보면, 현실 세계에 있는 주인공이 가상 세계 아바타로 표현된다. 주인공은 가상 세계에서 촉감을 현실 세계에서도 감각으로 느낄 수 있다. 현실 세계와 가상 세계를 서로 연결하는 디지털 트윈(Digital Twin, 디지털 쌍둥이) 기술은 미국 NASA에서 리스크가 큰 우주 프로젝트에 사용되기 시작했다. 디지털 트윈은 컴퓨터에 현실을 반영하는 가상 디지털 세계를 만들고, 현실에서 발생하는 사건을 디지털 세계에서 시뮬레이션한다.

> 메타버스는 디지털 트윈과 유사한 면이 있다. 다만 디지털 트윈은 현실과 가상이 서로 교감하고 정밀하게 현실을 시뮬레이션하는 면에서 차이점이 있다.

영화 〈레디 플레이어 원〉(Ready Player One, 2018, Warner Bros)

　　디지털 트윈은 현실을 가상 세계에 투영하기 위해 다양한 센서나 사물 인터넷을 사용한다. 디지털 트윈은 3차원 디지털 구현을 위해 도시 전체를 스캔하기도 한다.

　　가상 세계에서 일어난 변화를 현실 세계에 전달하기 위해 액추에이터(Actuator)란 장치를 사용하기도 한다. 액추에이터는 컴퓨터 신호로 제어해 물리적 영향을 주는 장치를 말한다. 예를 들어 가상 세계 아바타가 건물 오피스 조명을 켜면 현실 세계에서 연결된 조명을 밝게 만들어 환경의 변화를 만들어 줄 수 있다. 이때 컴퓨터로 제어되는 조명이 액추에이터의 한 예이다.

　　디지털 트윈은 가상 세계가 현실 세계처럼 표현되기 위해서 시뮬레이션 기술도 함께 사용된다. 또한 현실감 있게 시뮬레이션하기 위해 인공지능 기술이 사용되기도 한다. 예를 들어 가상 세계에서 바람이 불거나 물이 흐를 때, 인공지능적으로 시뮬레이션해서 3차원으로 표현한다.

선진국에서는 디지털 트윈의 높은 시장 성장을 기대하고 있다. 가트너(Gartner)사는 디지털 트윈을 2017, 2018년 연속 미래 유망 10대 기술 중 하나로 선정했고, 마켓스 앤 마켓스(Markets and Markets)의 시장 규모가 2023년에는 18조 원 증가할 것으로 예상했다.

디지털 트윈은 세계적으로 기술 표준화가 진행될 만큼 관심이 높다. 영국 국가 인프라 위원회(NIC, National Infrastructure Commission)는 2017년 도시, 도로 같은 국가 인프라를 디지털 트윈화하기로 했다. 영국은 국가 인프라 자산관리를 위한 방향타를 브리티시 트윈으로 결정했고, 관련 표준을 준비하고 있다.

국제표준을 제정하는 ISO(International Organization for Standardization)는 ISO 23247 그룹에서 디지털 트윈 프레임 워크를 개발하고 있는데, 디지털 트윈의 목적, 구조, 디지털화 방법 등을 정의하고 있다. 이외에 각 산업 분야에서 디지털 트윈의 표준이 제정되고 있다.

디지털 트윈은 많은 산업 분야에서 적용될 수 있다. 정밀한 시뮬레이션과 현실적인 디지털 세계 묘사를 위해 항공 우주 분야에서 기계 제조, 건설 분야에서 다양하게 활용되고 있다.

스마트 시티는 도시 관점에서 디지털 트윈 기술이 잘 활용될 수 있는 분야 중 하나이다. 2014년 시작된 싱가포르의 버추얼(Virtual) 프로

도시 건물 시뮬레이션

젝트는 매우 도전적인 프로젝트이다. 도시의 다양한 문제를 시뮬레이션하고 해결하기 위해 도시 전체를 3차원으로 디지털화했다. 도시는 디지털 트윈 플랫폼 위에서 동작된다. 예를 들어 도시와 건물에 설치된 다양한 센서로부터 데이터를 모아 환경을 분석할 수 있다.

그럼 디지털 트윈은 모든 문제를 해결하기 좋은 만능 도구일까?

디지털 트윈은 아직은 값비싼 첨단 기술과 데이터를 사용한다. 기존 방식으로도 충분히 효과가 있는 곳에서 굳이 디지털 트윈을 사용할 필요는 없다. 디지털 트윈은 오염되지 않은 데이터를 손쉽게 얻을 수 있을 때 제대로 사용이 가능하다.

디지털 트윈은 데이터를 먹고 성장한다. 데이터가 잘못되어 있거나 얻기 어렵다면 오히려 많은 비용만 소모된다. 디지털 트윈은 이런 과정과 비용을 감수할 만큼 의미가 있는 곳에서 사용해야 성공할 수 있다.

02

디지털 트윈 구성 재료

디지털 트윈은 비즈니스 이해 당사자가 소유하는 데이터를 안전하게 저장, 처리 및 공유할 수 있어야 한다. 또한 다양한 이기종 시스템을 통합하기 위해 애플리케이션(Application) 데이터의 유연한 구조를 지원할 수 있어야 한다.

디지털 트윈을 구성하는 재료는 다음과 같다.

*센서 : 물리적 세계에서 데이터를 얻는다.(예: 온도, 조도, 습도 센서 등)

*액추에이터 : 디지털 가상 세계의 데이터를 물리적 세계에 전달해 환경을 변화시킨다.(예: 모터, 조명 등)

*빅 데이터 : 센서에서 얻은 대용량 데이터를 관리 및 처리할 수 있다.

*클라우드 컴퓨팅 : 디지털 데이터 및 서비스를 인터넷 접속만으로 관리 및 사용할 수 있는 클라우드 컴퓨팅 기술을 제공한다.

*고속 통신 네트워크 : 5G처럼 데이터를 고속으로 전송할 수 있는 통신 네

트워크가 있어야 한다.

*보안 : 클라우드에 저장된 중요한 데이터를 보안할 수 있는 기능을 제공

한다.

*연결 : 디지털 트윈은 다양한 시스템과 연결되어 표준화된 데이터를 교환

함으로써 시너지 효과를 낼 수 있어야 한다.

디지털 트윈은 목적에 따라 사용되는 기술이 달라질 수 있다. 예를 들어 가상현실, 증강현실, 사물 인터넷, 인공지능, 3차원 그래픽 같은 기술은 디지털 트윈의 핵심 재료는 아니다. 이런 기술은 사용자 요구

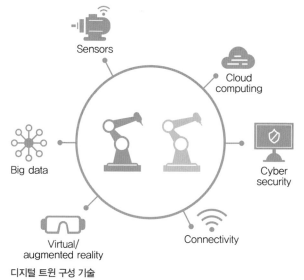

Based on various digital technologies such as

Sensors

Cloud computing

Big data

Cyber security

Virtual/ augmented reality

Connectivity

디지털 트윈 구성 기술

사항에 맞게 사용될 수 있다.

　깊은 고민 없이 무분별하게 기술을 적용하면 디지털 트윈 시스템의 유지 보수 및 기능 확장에 큰 문제가 발생할 수 있다. 소프트웨어 공학 관점에서 시스템 유지 보수 비용은 초기 개발비의 수십 배 이상 지속적으로 발생하므로 이를 고려해 사용되는 기술을 선택할 필요가 있다.

03

디지털 전환 방법

디지털 트윈에 필요한 데이터를 사용하기 위해서는 비즈니스에 필요한 자료, 기존 프로세스와 시스템을 디지털화해야 한다. 종이, 엑셀, 워드문서처럼 디지털로 변환되지 않은 문서로 정보가 저장되어 있는 기존 자료에서 필요한 정보를 찾는 것은 매우 어려운 일이다. 컴퓨터가 자료를 이해하고 검색하려면 이런 자료들이 디지털로 변환되어야 할 것이다.

> 디지털로 변환된 데이터는 결점이 없이 정확해야 하며(무결성), 사용에 필요한 정보가 완전히 포함되어야 한다(완전성). 기업은 비즈니스 목적과 품질을 확보한 디지털 데이터 변환을 위해 많은 노력이 필요하다.

디지털로 변환된 자료를 확인하고 검색하기 위해서는 기존 비즈니스 프로세스를 시스템화해야 한다. 데이터와 도구가 준비된 후에는 직원들을 교육하고 훈련시켜야 한다. 디지털 트윈 구현을 위한 디지털 전환은 이 모든 과정을 이야기한다. 연구에 따르면 자료가 종이나 워드, 엑셀 같은 형식으로 저장되어 있는 경우보다 자료를 디지털한 후 통합했을 때의 생산성 향상이 최소 1.56배에 달한다는 연구가 있다.(Kang, 2014) 이 효과는 규모가 크고 복잡한 조직일수록 기하급수적으로 증가한다.

디지털 전환 효과를 얻기 위해서 무엇이 필요할까? 디지털 전환은 수작업으로 기존 컴퓨터에 입력할 수도 있겠지만, 많은 노력이 필요하고 입력 중 오타 등으로 인한 노이즈(Noise) 데이터가 저장될 수도 있다. 다음은 수작업 대신 자동화할 수 있는 디지털 전환 방법들이다.

*공간 변환 : 레이저 스캔(LiDAR), 사진 측량(Photogrammetry), 역설계(Reverse Engineering), 초음파 스캔, 비전(Vision), SLAM(Simultaneous Localization and Mapping)

*속성 변환 : RFID, 텍스트 마이닝(Text Mining), 비파괴 검사 기술

*물리 변환 : 사물 인터넷(IoT), 센서

*도면 변환 : 벡터라이징(Vectorizing), 문자 인식(OCR)

디지털 전환은 첨단 기술이 동원될 수도 있다. 예를 들어 도시나 건물 등을 3차원 데이터로 변환하기 위해 카메라나 3차원 스캐너가 부착된 드론(Drone), 로버(Rover) 같은 로보틱스 기술이 사용될 수도 있

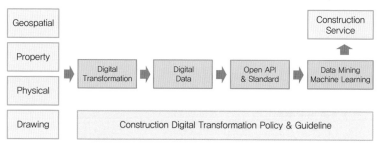

디지털 트랜스포메이션 흐름도

다. 변환된 디지털 데이터들은 컴퓨터 파일(file), 데이터베이스(DB. database)에 저장되어 관리된다. 데이터베이스는 관계형 DB(Database), NoSQL 등 비즈니스 목적에 맞게 사용된다.

> 디지털로 변환된 데이터는 서비스에서 목적에 맞게 사용할 수 있도록 연결시켜 주어야 할 것이다. 데이터베이스와 서비스 운영 시스템은 서로 다른 이기종이므로 상호 연결시켜 주기 위해서는 API(Application Program Interface)나 데이터 교환을 지원하는 표준 포맷을 사용해야 한다.

디지털 데이터로 성공적인 전환을 마쳤으면 사용자가 필요한 데이터를 원하는 형태로 언제 어디서는 사용할 수 있을 것이다. 이제 우리는 디지털 데이터를 스마트폰, 인터넷 등 다양한 곳에서 사용할 수 있다. 결국, 디지털 트윈이나 메타버스 같은 개념은 디지털 전환이 성공적으로 수행된 후에나 사용 가능할 것이다.

04

디지털로 보는 세상, 가상현실

가상현실은 HMD(Head Mounted Display, 헤드셋 마운트 디스플레이)에 디스플레이되는 3차원 모델과 상호작용을 하는 기술을 말한다. 현재는 게임에서 많이 사용되고 있지만 원래는 의료, 비행, 우주 등 산업용 시뮬레이션 기술로 사용되었다.

HMD를 사용하는 가상현실 기술은 1968년 이반 서덜랜드(Ivan Sutherland) 교수가 학생들과 함께 개발했다. 이때 사용자 인터페이스는 직선으로 구성된 와이어프레임(wireframe)으로 표시되었고, HMD는 너무 무거워 천장에 매달아 놓은 채 사용되었다.

가상현실의 대중화가 시작된 계기는 2010년 중반 저렴하고 사용하기 편한 HMD가 보급되어 게임 등을 즐길 수 있게 되면서부터이다. 이때 유명한 제품이 HTC사의 VIVE, 오큘러스(Oculus)였다. 이때의 HMD는 3차원 그래픽 출력 및 스크린 해상도가 획기적으로 높아져

가상현실 훈련 시뮬레이션

정말 가상현실 같은 느낌을 유저에게 전달해 줄 수 있게 되었다. 그 당시에는 가상현실 게임을 하기 위해서는 HMD와 연결된 성능이 뛰어난 컴퓨터가 필요했다. 컴퓨터에서 실행된 게임의 그래픽을 HMD에 전달하는 방식이어서 항상 컴퓨터와 선으로 연결되어 있어야 했기 때문에 유저가 걸어다니거나 이동할 때 매우 불편했다.

페이스북에 인수된 오큘러스는 2019년 HMD에서 무선을 통해 게임을 다운로드 받고, HMD 자체에서 실행되는 방식의 기술인 오큘러스 퀘스트(Oculus Quest)를 매우 저렴한 300달러 정도의 가격으로 출시했다. 이로써 1968년 HMD 기술이 소개된 지 거의 50년 만에 유저는 선이 필요 없는 가상현실 기술을 사용할 수 있게 되었다.

가상현실은 HMD 같은 장비를 이용해 게임처럼 3차원 그래픽 모

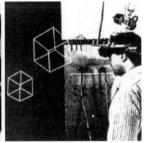

세계 최초 HMD 기술(Ivan Sutherland, 1968)

델과 사용자가 서로 상호작용을 하는 데 초점을 둔다. 가상현실과 디지털 트윈은 서로 비슷한 점이 있지만, 다음과 같은 부분은 큰 차이가 있다.

*실시간 : 물리적 세계와 디지털 가상 세계가 실시간으로 연결되어 서로 영향을 주고받는다.

*물리적 세계와 가상 세계의 연결 : 물리적 세계에서 센서로 얻은 데이터가 가상 세계에 연결되어 표현되거나 처리된다.

*지능적 : 물리적 세계에서 얻은 데이터로 미래에 데이터가 어떻게 변화할지 예측 가능하다. 예측된 데이터를 바탕으로 지능적인 의사결정이 가능하다.

*시뮬레이션 : 센서로부터 얻은 데이터를 이용해 데이터 변화를 예측하기 위한 시뮬레이션을 실행할 수 있다.

디지털 트윈은 물리적 세계와 디지털 세계의 연결을 위해 현실 세계에서 얻은 데이터를 디지털 세계에 전달해 시뮬레이션하고 컴퓨터 그래픽스 기술을 이용해 가시화한다.

디지털 트윈은 물리적인 현실 세계와 가상 세계를 연결하는 것에 초점을 맞추고 있다. 현실 세계의 데이터를 모아 가상 세계에서 시뮬레이션하거나 반대로 가상 세계에서 생성된 정보를 현실 세계에 전달해 물리적인 환경을 변화시키는 것은 디지털 트윈의 큰 특징이다. 가상현실은 이때 사용자가 현실감 있는 감각을 느낄 수 있게 해준다.

05

실세계와 디지털을 겹쳐보는 혼합현실

4차 산업혁명 핵심기술 중 하나인 MR(Mixed Reality)을 알아보도록 하자.

MR은 VR(virtual reality), AR(augmented reality)을 합쳐 놓은 혼합 환경을 말한다. MR은 현실 세계에 가상 디지털 정보가 중첩되어 표시될 수 있다. 예를 들어 가상공간의 3차원 건축물을 실제 지어질 장소에서 HMD로 겹쳐 볼 수 있다.

애플은 MR 기술을 확대하기 위해 ARKIT 기술을 스마트폰에 내장했다. 구글은 오래전부터 탱고(Tango) 프로젝트를 통해 3차원 공간 정보를 실시간으로 스캔할 수 있는 기술 개발을 지원했다. 지금까지 디지털 정보를 눈으로 편하게 확인할 수 있는 안경 형태의 구글 글래스(Google Glass) 기능을 꾸준히 개선하고 있다. 자동차 내비게이션처럼 목적지 길 안내, 맛집 안내 등의 서비스를 제공할 수 있고, 장애인을 위해 길을 안내하는 목적으로도 사용 가능하다.

마이크로소프트는 가상 디지털 모델을 현실에 비춰 보여주는 홀로 렌즈(Hololens) 기술을 개발했다. 홀로렌즈는 혼합현실(Mixed Reality) 기술이다. 혼합현실은 HMD(Headset Mount Display)를 이용해 가상현실을 현실에 투사해 디지털 정보를 보여준다. 또한 구글 글래스처럼 안경에 디지털 데이터를 투사할 수 있고, 주변 실세계 공간을 3차원으로 스캔해 인식할 수 있다. 이를 이용해 거실의 벽을 뚫고 외계인 비행기가 침투한다든지 하는 놀라운 데모를 보여주었다.

GPS, 3차원 스캐너를 제조하는 글로벌 공간 정보 기술 업체인 트림블(Trimble)은 홀로렌즈를 산업 분야에 활용할 수 있도록 선도적 투자를 했다. MR 기술을 건물, 인프라, 도시 건설 시 활용하기 위해 노력하고 있다. 트림블에서 개발한 커넥션(Connection) 솔루션은 마이크로소프트에서 개발한 홀로렌즈 기술을 지원한다. 또한 클라우드 플랫폼 기반으로 프로젝트 데이터 연결 및 관리를 지원한다. 이 플랫폼에 올려 있는 데이터나 모델은 스케치업(Sketchup) 앱을 통해 확인하고 홀

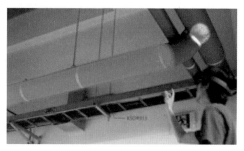

홀로렌즈를 사용한 건물 시공(2017.1)

로렌즈를 통해 현실에서 겹쳐 볼 수 있다.

건축물 구조 설계 회사인 EDR Medso structural은 트림블과 손잡고 시공 현장에 건설할 구조나 건축 부재가 정확한 곳에 설치되었는지 MR로 확인하고 가상 공간에서 회의할 수 있는 시스템을 개발했다.

건축가는 상상한 가상 모델을 실세계에서 실현하고자 하는 욕구가 있다. MR을 이용하면 시공하기 전에 현실 공간에서 디자인 모델과 관련 정보를 겹쳐 보며 소통과 협업을 할 수 있다. RIBA(Royal Institute of British Architects, 영국 왕립건축가협회)는 건축 환경 디자인 및 커뮤니케이션 연구와 관련해 마이크로소프트와 협업하고 있다. RIBA는 MR을 통해 디자인의 잠재적인 문제를 확인하고, 시공 전에 완공된 건물 내부를 걸어 다니며 확인하는 등의 기술을 개발했다.(RIBA, Microsoft, 2017. 7)

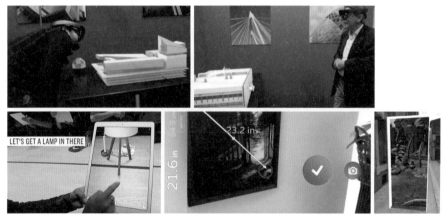

RIBA의 건축 환경 디자인 및 커뮤니케이션 연구(RIBA, 마이크로소프트, 2017. 3)

Visualive3D는 홀로렌즈 기반 3차원 건축물 모델 뷰어 앱 서비스를 시작했다. 다음 그림과 같이 모델링에서 생성된 데이터를 홀로렌즈 같은 MR 기기로 전송해주는 솔루션을 제공한다.

Visualive3D는 아직 시공되지 않은 건물에 대한 1:1 스케일 경험을 사용자에게 제공한다. 홀로렌즈와 연동되는 이 앱을 통해 사용자는 건물이 지어질 곳에서 모델링된 건물을 중첩하고 인테리어를 확인하거나 설비 구조를 체크하고 공간 사용 계획을 검토할 수 있으며 천장이나 창문의 크기를 측정해 정보를 확인할 수 있다.

MR기술은 개발 진행형이다. 홀로렌즈 이외에도 구글 글래스(Google Glass), 애플 아크잇(ARKIT) 등이 MR시장을 선점하기 위해 노력하고 있다.

혼합현실 기술은 아직 개선되어야 할 점이 많다. 아직은 좁은 스크린화면, 무겁고 불편한 헤드셋 마운트, 조작이 불편한 제스처 및 보이스 인식, 밝은 곳에서는 데이터가 선명히 보이지 않으며 아직은 비싼 가격이 대중화에 한계가 있다. 아직까지는 미완의 기술이지만 마이크로소프트, 구글, 애플 등 세계적 기업들이 경쟁적으로 개발하는 기술로 시장 잠재력이 크다.

06

3차원 기반 차세대 인터넷, 메타버스

메타버스는 다양한 콘텐츠를 생산, 공유, 소비할 수 있는 3차원 가상 공간이다. 용어 그대로 해석하면 물리적 우주를 넘은 3차원 가상 공간을 의미한다. 차세대 인터넷 환경으로 불리는 메타버스는 사실 새로운 개념은 아니다. 이미, 구글어스(Google Earth), 마인크래프트(Minecraft), 로블록스(Roblox)에서 구현된 기술이다.

메타버스란 용어는 닐 스티븐슨(Neal Stephenson)의 1992년 SF소설 『스노우 크래시(Snow Crash)』에서 소개되었다. 닐 스티븐슨은 유명한 사이버 펑크 소설가이다. 소설 속 스티븐슨의 메타버스는 6만 5,536km 크기의 도시를 가진 행성이다. 가상으로 존재하는 부동산은 민간회사가 소유하고 있고 구매 및 건물 개발이 가능하다. 메타버스 사용자는 HMD와 같은 고글로부터 가상현실을 체험할 수 있다. 메타버스 내에서 개별 사용자는 아바타로 표현된다.

소설 『스노우 크래시』(닐 스티븐슨, 1992)

소설 속의 메타버스 개념은 다양한 곳에 영향을 주었다. 우리가 사용하는 HMD 고글, 3차원 그래픽스, 데이터베이스, 아바타, 가상 지구 같은 내용을 세밀하게 설명하고 있다. 이 많은 내용 중 메타버스는 다음과 같이 소개하고 있다.

Hiro's not actually here at all. He's in a computer−generated universe that his computer is drawing onto his goggles and pumping into his earphones. In the lingo, this imaginary place is known as the Metaverse.

가상 디지털 지구로 유명한 구글어스는 메타버스에서 영감을 받아 개발되었다. 이외에 온라인 가상 세계인 액티브 월드(Active Worlds)와 세컨드 라이프(Second Life) 모두 메타버스에서 영감을 받았다. 세컨드 라이프는 2003년에 출시되어 대규모 유저들의 온라인 경험을 지원

to move. By drawing the moving three-dimensional image at a resolution of 2K pixels on a side, it can be as sharp as the eye can perceive, and by pumping stereo digital sound through the little earphones, the moving 3-D pictures can have a perfectly realistic soundtrack.

So Hiro's not actually here at all. He's in a computer-generated universe that his computer is drawing onto his goggles and pumping into his earphones. In the lingo, this imaginary place is known as the Metaverse. Hiro spends a lot of time in the Metaverse. It beats the shit out of the U-Stor-It.

소설 「스노우 크래시」의 메타버스 설명(닐 스티븐슨, 1992)

한다. 유저들은 이런 메타버스 속에서 만나고 여행을 하며 부동산이나 물건을 거래하기도 했다. 소설이 나온 지 불과 30년 만에 우리는 메타버스에서 소개한 기술을 사용할 수 있게 된 것이다.

컴퓨터 속에 몰입된 시각화 기술은 직접 가볼 수 없는 행성에 본인이 살고 싶은 도시나 건물을 만들고, 그 속에서 콘텐츠를 즐길 수 있다.

> 구글이나 페이스북에서 개발한 고글(Goggles), HMD와 증강현실 기술을 결합하면 작업자가 손을 자유롭게 작업을 수행하면서 현실에 가상의 정보, 문서를 불러올 수 있다.

COVID-19는 메타버스에 대한 대중의 관심에 불을 붙였다. 기존 가상현실 플랫폼과 기술을 개발하던 기업들은 큰 관심과 투자를 받게 되었다. 최근에 소개된 제품들은 대중에게 좀 더 세련된 모습이다. 페이스북은 호라이즌(Horizen)이란 가상현실 소셜 플랫폼을 출시했다.

호라이즌(페이스북)

사용자가 가상환경에서 다른 사용자들과 상호작용할 수 있는 플랫폼이다.

호라이즌은 오큘러스 커넥트 6 컨퍼런스(2019년 9월)에서 발표되었고, 2020년 8월에는 베타 테스트로 사용할 수 있게 되었다.

호라이즌은 가상현실 헤드셋인 오큘러스에서 플레이할 수 있다. 이 가상 플랫폼에서 세계를 만들고, 자신을 표현할 수 있다. 오큘러스는 자유도와 룸스케일을 극대화한 VR 장비이다. 어떤 사람은 지하주차장의 넓은 공간을 VR 룸스케일로 사용한 사례를 공개했다. 무선으로 앱을 HMD에 설치해 장비에서 자체적으로 실행되기 때문에 선도 필요 없어 유저가 점프를 하거나 뛰어다닐 수 있다.

지구 전체를 디지털화해 메타버스 공간을 개발하는 기업도 있다. 2019년 설립된 세슘(Cesium)은 지구라는 3차원 공간에서 디지털 트윈을 구현하고 있다고 말한다. 이 회사는 항공우주 분야 3차원 그래픽 회사인 AGI에서 분사된 스타트업이다.

메타버스는 게임이나 엔터테인먼트에서 가장 활발히 성장하고 있

언리얼 게임엔진이 지원하는 디지털 휴먼 기술

다. 2020년 3월에 상장한 메타버스 플랫폼 로블록스는 2분기 매출이 2배 이상 늘어난 4억 5,410만 달러를 기록했다.

언리얼(Unreal) 게임 엔진을 개발하는 에픽게임즈도 지난 2월 디지털 휴먼 제작을 지원하는 메타휴먼 크리에이터 기술을 출시했다. 이 분야에서 유명한 유니티(Unity)도 메타버스 기술을 개발해 출시했다.

마이크로소프트는 개발자들이 가상현실 및 증강현실을 앱 서비스에 추가할 수 있도록 해주는 클라우드 플랫폼인 Mesh를 출시했다. (DigitalToday)

앞으로 메타버스, 디지털 트윈 기술은 스마트폰처럼 사용하게 될 것이다.

07
메타버스로 진화하는
소셜 네트워크

　마크 주크버그(Mark Zuckerberg)는 오큘러스 커넥트(Oculus Connect)
컨퍼런스 무대에서 가상현실 장치인 오큘러스 리프트(Oculus Rift)를 이
용해 3차원 가상현실에서 게임이나 소셜 네트워크를 하는 모습을 보
여주었다.(페이스북, 2016) 이 아바타를 조정하는 유저는 각자 다른 공
간과 시간에 있지만 가상현실 속에서는 같은 공간과 시간에서 서로 토
론하고 정보를 교환할 수 있었다. 이 컨퍼런스는 사람들에게 소셜 네
트워크의 미래를 보여준 것으로 평가받는다.

　오큘러스 리프트는 페이스북이 오큘러스사를 인수한 후 개발한
HMD 장치이다. 오큘러스사는 2012년부터 가상현실 HMD 장치를 개
발하고 있었고, 자금을 모으기 위해 킷스타터(Kickstarter) 캠페인을 시
작했었다. 이때 250만 달러를 펀딩했고, 2014년 페이스북에 20억 달러
에 인수되었다.

페이스북이 제시한 기술은 사람이 가상현실 속에서 3D 아바타로 표현되어 다른 사람들과 소통을 할 수 있다. 얼굴과 손은 가상현실에서 인터페이스이다. 가상현실 속에서 페이스북과 비슷한 소셜 커뮤니티를 만들 수 있다. 빅스크린(Bigscreen)이란 곳에 들어가면 방을 만들고 다른 사람을 초대할 수 있다. 여기서 사람들은 소통하고 함께 일할 수 있다.

페이스북은 완전한 몰입형 메타버스의 세계로 소셜 네트워크가 가능하도록 많은 투자를 하고 있다. 오큘러스 리프트의 가격은 겨우 300달러밖에 되지 않는다. 이런 장치가 스마트폰처럼 사용되게 되면 메타버스는 현실이 될 수 있다.

08

디지털 트윈 기술의 활용

전문가들은 메타버스보다 디지털 트윈이 산업계 전반에 사용될 핵심도구가 될 것이라 예상한다. 이 장에서는 산업계 디지털 트윈 활용 분야를 소개한다.(Intellectsoft, 2018)

안전 모니터링

건설 산업은 세계에서 가장 위험한 부문 중 하나이다. 미국노동통계국(Bureau of Labor Statistics)에 따르면, 2008년과 2012년 사이 4,000명이 넘는 건설 노동자가 현장에서 사망했다. 지금은 디지털 트윈을 통해 건설 현장에서 사람과 위험한 장소를 추적할 수 있고, 부적절한 행동과 안전하지 않은 물질의 사용 및 위험 지대에서의 활동을 방지할 수 있다. 마이크로소프트는 최근 비디오카메라, 모바일 장치와 결합된

현장 작업 안전 사례

AI를 사용해 작업장을 위한 광범위한 안전망을 구축하는 데 비전을 공유했다.

제조 공정 모니터링

스마트 공장, 플랜트에서 제품 조립 모니터링은 완료된 작업이 계획 및 사양과 일치하는지 확인한다. 보고된 작업 비율을 확인하고 프로젝트 단계를 결정하기 위해 실제 현장 관찰이 필요하다. 제조 분야에서 계획 실행과 비교하고 편차를 수정하기 위한 조치를 취할 수 있다. 사람들은 종종 자신의 진도와 일을 끝내는 데 필요한 시간에 대해 보다 낙관적인 태도를 취할 수 있다. 디지털 트윈은 일반적인 제조 공정 문제를 해결할 수 있다.

품질 검사 및 평가

———

인공지능 알고리즘을 사용하면 비디오 또는 사진 이미지를 통해 재료 상태를 확인할 수 있고, 제조 공정에서 발생된 오류, 변위를 검사할 수 있다. 이렇게 하면 추가 검사가 시작되고 조기에 가능한 문제를 발견하는 데 도움이 된다.

근로자 모니터링 및 추적

———

일부 국가는 제조 현장에서 사람을 모니터링하는 방법에 대한 엄격한 규제를 적용한다. 여기에는 현장의 모든 직원과 위치에 대한 디지털 기록이 포함되어 있어 비상시 구조대원이 이 정보를 사용할 수 있다. 이 정보는 실시간으로 디지털 트윈에 반영되어 모니터링 될 수 있다.

설계된 제품 품질 체크

———

실시간 디지털 트윈을 사용하면 일별 및 시간별로 변경된 제품 설계 모델을 추적할 수 있다. 불일치를 조기에 발견하면 추후 의사 결정 프로세스를 위한 상세한 분석이 가능하다. 프로젝트 관리자는 오류가 발생한 단계를 재구성하고 향후 작업 일정을 변경해 유사한 오류가 발생하지 않도록 할 수 있다. 또한 성과가 저조한 부분을 찾아 프로젝트 초기에 문제의 원인을 수정하거나 전체 프로젝트의 예산 및 시간 척도에 필요한 변경을 계획할 수 있다.

자원 계획 및 물류

시공 및 제조 시 불필요한 자재 이동 및 자재 취급 시 약 25퍼센트의 생산 시간이 낭비된다. 디지털 트윈 기술은 자동 리소스 할당 모니터링 및 낭비 추적을 제공하므로 리소스 관리에 대한 예측이 가능하다.

09

디지털 트윈
스타트업

오슬로 기반 스페이스메이커(Spacemaker)의 비전은 더 나은 도시를 설계하는 것이다. 이 기술은 도시 계획가, 부동산 개발 업체 및 건축가가 다수의 현장 제안서를 탐색하고 최고의 제안을 선택할 수 있도록 한다.

스페이스메이커는 건축, 수학, 물리학 및 기계 학습을 포함한 광범위한 분야의 전문 지식을 결합해 사용자에게 창의적이고 고품질의 사이트 제안을 제공한다. 이를 통해 지방 자치 단체 및 개발자가 세계에서 빠르게 성장하는 도시를 수용할 수 있도록 보다 효율적이고 밀도가 높은 도시를 개발할 수 있게 한다. 2016년에 설립된 이 회사는 오슬로, 스톡홀름, 바르셀로나 및 보스턴에 지사를 두고 있으며 최근에는 2,200만 유로 Series A 라운드를 올렸다.

도시 개발 플랫폼(Spacemaker)

런던에 기반을 둔 XYZ Reality는 증강현실 기술 스타트업으로 관련 솔루션을 제공한다. 2017년에 설립되었고 증강현실 기술과 함께 건설 비용을 20퍼센트 절감하고 프로젝트 작업 속도를 높이는 현장 3D 보기를 제공해 사람들이 건설 현장에서 일하는 방식을 변화시킬 수 있는 BIM(Building Information Modeling, 3차원 건설정보모델) 서비스를 제공한다.

Bobtrade는 온라인 건축 자재 조달 플랫폼을 제공함으로써 건축업자와 판매자를 연결시킨다. 이 영국 스타트업은 건축 자재를 사고팔 수 있는 보다 효율적인 방법을 제공하기 위해 2016년에 설립되었다. Bobtrade의 거래 플랫폼은 10만 개가 넘는 제품을 사용할 수 있는 스마트 도구로 프로젝트의 관리 및 조달을 지원해 최상의 가격과 가용성을 보장한다.

Ogun은 바르셀로나 기반의 스타트업으로 물류 업계를 위한 협업 플랫폼을 제공한다. 예를 들어 건설 현장에서 계획, 자재, 파일 및 모든 직원 및 공급업체와의 토론을 한곳에서 관리할 수 있으며, 공급업체가 카탈로그, 주문 및 배송을 관리할 수 있다. 2019년에 시작된 디지털 솔루션은 건설 산업에서 더 나은 프로젝트 관리, 공급 업체 통합 및 투명성을 지원한다.

2018년 초에 설립된 Capmo는 시공 문서, 결함 및 작업 관리를 위한 도구 역할을 한다. Capmo는 힐튼 뮌헨 호텔, 오버 폴링거 백화점 리노베이션 및 다양한 공공 건설 프로젝트 및 수백 개의 크고 작은 건설 프로젝트에서 이미 성공적으로 사용되고 있다. 3차원 공간을 디지털화하는 메터포트사는 디지털 트윈, 메타버스 시대 수혜주이다. 이 회사는 자체 개발한 3차원 스캐너와 데이터 처리 서비스를 통해, 프롭테크 등 다양한 시장에 진출했다. 이 회사는 2021년 약 8조 원의 시장 가치를 가지고 있다.

10

디지털화된
시설물 관리

시러큐스 대학교(Syracuse University)의 연구팀은 공항의 디자인–빌드–운영 수명 주기를 디지털화하는 목적에서 공항 시설물 관리 시스템을 개발했다.(2019. 1)

공항은 터미널, 교각, 활주로, 유도로, 주차장, 철도, 도로, 화물 구역, 다양한 유형의 건축을 캡슐화해야 한다. 다양한 인프라 시스템의 설계, 건설 및 운영을 통합하는 측면은 매우 복잡하다. 소유자는 프로젝트 제조업체 데이터 중 하나로 자산 속성(예. HVAC, BHS, 배관 등)을 포함하는 공항 사물 인터넷, 데이터베이스 및 BIM 모델에 접근한다.

소유자는 중요 자산을 정의, 시각화하고 제조업체 데이터를 얻을 수 있다. 이 데이터는 시간이 지남에 따라 비용 데이터를 추적할 수 했다. 또한 소유자는 센서를 통해 공항 중요 자산을 추적하고 레거시 데이터베이스에서 고유 자산 태그와 관련된 데이터를 추적하고, 기존 시

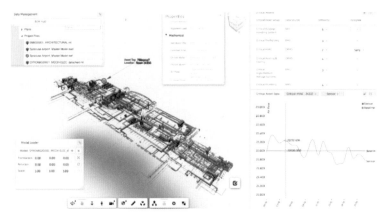

디지털 트윈 기반 인프라 관리 사례(공항 시설물. Koseoglu, 2019)

설물 관리 데이터베이스와 통신해 센서 데이터 및 자산 태그를 연결하는 NoSQL 데이터베이스를 사용했다.

11

스마트 시티

스마트 시티의 정의는 매우 다양하다. 갑작스럽게 생겨난 것이 아니다. 이미, 지속가능한 도시에 대한 많은 논의가 있었으며 친 에너지 도시, 친환경 생태 도시에 대한 구체적인 프로젝트도 많이 시도되었다. 국내에서 많이 시도된 U-시티도 이러한 프로젝트 중 하나이다. 하지만 스마트 시티는 기존의 방식보다 더욱 국제적, 플랫폼적, 환경 친화적, 사회 지향적, 스마트 장치로 시민과 항상 연결 지향적인 도시 생태계를 지향한다.

스마트 시티는 지속가능한 도시 발전을 위해 ICT를 적극적으로 이용해 도시 자원을 시민에게 효과적으로 서비스하는 도시 운영 체계로 볼 수 있다. 이 안에는 다음 그림과 같이 정부, 보건, 빌딩, 교통, 인프라스트럭처, 통신기술, 에너지, 모든 소셜 커뮤니티가 서비스로 포함될 수 있다.

스마트 시티의 규모는 1.5조 달러 시장 규모(Forbes, 2014. 6)이며, 2030년 시장 규모는 약 42.72조 달러로 예상되고 있다.(Nikkei Business Publications, 2012)

스마트 시티는 도시화의 급속한 성장에 따라 발생하는 몇 가지 문제를 해결하는 수단으로 고려된다. 도시 인구 증가, 도시 인프라 구축에 대한 압력, 과도한 에너지 소비(전체에서 70퍼센트 에너지를 도시가 소모), 환경 오염(탄소 배출 오염의 주범), 에너지와 물의 부족, 교통 혼잡, 폐기물 처리 문제, 인프라 노화로 인한 안전 문제, 테러 문제 등이 복합적으로 발생하고 있다.

스마트 시티 개념(frost & Sullivan)

디지털 트윈 기반 도시 환경 시뮬레이션 예시(버추얼 싱가포르)

　앞에서 언급한 디지털 기술을 적용해 도시 문제를 해결하고, 시민에 필요한 도시 서비스를 통합적으로 제공해 삶의 질을 높일 수 있다. 싱가포르의 경우, 전체 도시를 3차원 디지털 트윈으로 구축해 도시 관리자들이 다양한 대안들을 시뮬레이션할 수 있다. 이런 접근은 도시 관리에 대한 요구 사항이 명확하다면 좋은 솔루션이 될 수 있다.

12

스마트 인프라

스마트 인프라는 터널, 교량, 도로 같은 인프라에 사물 인터넷(IoT)이 설치되어 있고, 서로간이 통신을 하며, 의사결정에 필요한 데이터를 교환하는 기술이다. 스마트 인프라를 구성하는 교량 같은 컴포넌트를 인텔리전트 자산(Intelligent Asset)이라 한다. 이 자산들은 서로 연결되어 있고, 데이터 분석하며, 의사결정을 지원한다.

관리해야 할 인프라 자산의 증가, 점점 심해지는 법적 규제, 인프라 관리 인력 유지에 대한 재정적 한계, 많은 이해 당사자들의 자산 관리 요구 사항, 분리된 인프라 자산 관리로 인한 비효율성으로 스마트 인프라에 대한 필요성이 높아지고 있다.

이런 문제들은 자산들 간 네트워크를 구축하고, 현재 상태를 모니터링하여, 클라우드 데이터를 통합한 후 데이터 마이닝(Data Mining)하는 전략으로 귀결되기 마련이다. 데이터 마이닝 기법은 요구 사항에 맞게 통계, 인공지능 머신러닝 등을 적절히 사용한다.

건물은 전체 수자원의 40퍼센트 가까이를 사용한다. 그린 빌딩 운동은 낭비되는 수자원을 개선하고, 낭비되는 에너지를 줄이도록 디자인 및 엔지니어링하는 데 영향을 준다.

오늘날 그린 빌딩은 공간이 비어 있을 때, 조명이 불필요할 때 같은 불필요한 빌딩 시스템을 자동적으로 셧다운한다. 예를 들어 The Edge(암스테르담)란 이름의 상업용 빌딩은 스마트 LED 조명 시스템을 사용한다. 밤 시간에 사용되지 않는 빌딩 공간의 전등, 냉난방은 자동적으로 꺼진다. 스마트폰을 이용해 거주자 공간의 조도, 온도, 습도를 제어할 수 있다.

The Edge(Amsterdam, www.bream.com)

이런 센서들은 좀 더 스마트해질 수 있는데, 시설 관리자는 교량, 날씨, 고객 정보를 실시간 데이터 및 이력 정보를 사용해 마케팅 및 운영에 효과적으로 활용할 수 있다.

싱가포르의 캐피탈 타워(Capital Tower)는 스마트 빌딩으로 사물 인터넷 기술을 사용하고 있다. 빌딩 환기를 위해 배기 팬은 센서와 연결되어 지능형 빌딩 관리 시스템의 제어를 받는다.

13

디지털 트윈 기술 경쟁과 표준

승자 독식 세계. 디지털 트윈 국제 표준

국제 표준은 국가 간 경쟁이 가장 치열한 분야 중 하나이다.

어떤 기술이 국제 표준이 되면, 국제 표준에 가입된 모든 국가는 기술을 수출할 때 이 표준에 준용해 제품을 개발해야 한다. 수출 시 비표준 제품 은 고객으로부터 클레임을 받을 수 있다. 이는 기업으로서 큰 위험이다.

디지털 트윈 표준은 현재 진행형이다. 스위스 제네바에 본사 를 두고 있는 국제표준 개발조직인 ISO(International Organization for Standardization)는 1947년에 설립된 전 세계 산업 표준 개발 기관이다. ISO는 UN의 산업 기술 표준 등 분야의 자문 지위를 가지고 있어, 환경·사회·지배구조(ESG, Environmental Social Governance)나 스마트시티 등 기술 서비스에 필요한 규정과 지침을 제공한다.

ISO는 필요에 따라 IEEE(Institute of Electrical and Electronics Engineers)와 같은 국제기구나 민간표준협회와 협업하기 위해 협업기술위원회(Joint Technical Committee, JTC)를 만든다. ISO는 국제전기기술위원 등과 JTC를 조직해 디지털 트윈 기술보고서를 개발하는 등 표준화에 앞장서고 있다.

디지털 트윈은 제조에서 시작되었기에, 자동화 및 통합 관련 기술 표준인 ISO 23247이 개발된다. 이 표준은 스마트 제조, 공장 자동화 관점에서 정의되었으므로 데이터 수집, 해석, 시뮬레이션, 운영 관리 및 데이터 교환 등 핵심 요소로 구성된다.

국제전기기술위원회에서 개발한 IEC(International Electrotechnical Commission) 62832는 디지털 트윈이라고 불리지는 않지만 중앙에 디지털 팩토리 자산을 표현하는 잘 확립된 표준이다. 2019년에 IEEE 표준협회는 팩토리 환경에서 물리적 객체에 대한 디지털 표현 시스템 아키텍처 정의를 목표로 하는 프로젝트 IEEE P2806을 시작했다. ISO TC 184 내의 Digital Twin Manufacturing Framework ISO 23247에서도 유사한 접근 방식을 취한다. 이 프레임워크는 주로 디지털 트윈의 인터페이스와 기능에 초점을 맞춘 트윈 요소의 플러그 앤 플레이를 지원한다. 독일 플랫폼 인더스트리 4.0은 스마트 제조를 위한 디지털 트윈인 IEC 공개 활용 규격 63088의 구현이다. 이 구현을 통해 독일은 디지털 데이터 자산 관리 규격을 발표했다. 이는 프랑스, 이탈리아 및 독일 간

Multiple Data Exchange Standards Cover the Smart Manufacturing Landscape

Source: MESA Whitepaper #52 – Smart Manufacturing – The Landscape Explained, MESA International, 2016

스마트 제조 관련 표준(MES Whitepaper, 2016)

의 파트너십을 통해 더욱 발전되고 있다.

ISO 기술규격 18101-1은 석유 및 가스 상호 운용성에 중점을 둔 공급업체의 중립적인 산업 디지털 에코 시스템 아키텍처 요구 사항, 사양 및 지침을 제공한다. 이런 관점에서 디지털 트윈은 조직에 가치를 제공하는 서비스를 수행할 수 있는 디지털 자산으로 정의된다.

ISO 23247은 인력, 장비, 프로세스, 시설, 환경, 제품을 포함한 디지털 트윈 프레임워크를 정의한다. 이 표준은 네 부분으로 정의된다.

1. 개요 및 일반 원칙 : 디지털 트윈을 개발하기 위한 일반 원칙 및 요구사항 정의

2. 참조 아키텍처 : 기능적 뷰를 지원하는 요구 사항 정의

3. 디지털 표현 : 관찰 가능한 기본 정보 속성 목록

4. 정보 교환 : 참조 아키텍처 내에서 엔티티 간 정보 교환을 위한 기술 요
   구 사항 정의

ISO 기술규격 19166은 3차원 건설정보모델과 공간정보 간 연결성을 지원하기 위해, 기술적 요구 사항과 통합 메커니즘을 정형화해 정의하는 방법을 규정한다. 이는 불명확한 기술적 명세로 인한 재작업과 실패를 막기 위한 발주자와 개발자 간 커뮤니케이션 약속으로, 도시 인프라 기반 디지털 트윈 개발에 도움이 된다. 디지털 트윈 표준은 향후 국가 간 기술 및 제품 수출에 큰 영향을 미친다. 또한 표준을 기반으로 개발되어야 하는 수많은 제품과 서비스에 큰 영향을 미친다. 표준을 준용하지 않은 비표준 제품은 ISO를 준용하는 수많은 계약에서 불리하게 된다.

디지털 산업혁명을 위한 영국 디지털 트윈 전략

큰 시장으로 부상 중인 디지털 트윈은 스마트시티, 도시 인프라, 공간정보와 밀접한 관련이 있다. 영국은 관련 분야의 디지털 트윈 표준에 가장 발 빠르게 움직이고 있는 국가 중 하나이다.

2017년 12월 NIC(National Infrastructure Commission)는 영국 인프라스트럭처의 '디지털 트윈'이 자산 계획, 예측 및 이해를 돕기 위해 개발

「Data for the Public Good」 리포트(NIC, 2017.12, Data for the Public Good)

되어야 한다고 권고했다.

영국은 국가 인프라 자산관리를 위한 방향타를 국가 디지털 트윈(브리티시 트윈)로 결정했고, 관련 표준화 전략을 준비하고 있다.

디지털 트윈은 인공지능, 기계학습 및 시뮬레이션 분석을 데이터와 통합한다. 이를 통해 실세계와 연계되는 실시간 디지털 시뮬레이션 모델을 만든다.

디지털 트윈의 가치는 실제 자산 또는 서비스에 대해 통찰력 있는 실시간 정보를 제공할 수 있다는 것이다. 즉, 자산 소유자가 자산을 잘 테스트하고 계획 관리할 수 있다는 의미이다. GE와 같이 디지털 트윈이 항공 산업에 제공할 수 있는 가치는 분명하지만 전 국가 규모에서 디지털 트윈 기술을 구현하고 내셔널 디지털 트윈(National Digital Twin)을 구현하는 것은 매우 다른 것이다.

영국은 '세계 최고 수준의 데이터 과학 연구 능력과 인공 지능 전문 기술'을 통해 디지털 트윈 기술의 개발 및 응용에서 선구자로서의 위치를 차지할 기회를 노리고 있다. 영국은 이미 내셔널 디지털 트윈을 제공하는 데 필요한 기술적 능력을 갖추고 있다고 판단한다. 이 기술은 국가 도시 인프라 산업과 조정할 수 있고 협력적인 접근에 의해서 구현될 수 있다.

디지털 트윈은 부득이 하게 공공 데이터와 관련된 법적, 사회적 및 윤리적 질문과 문제점을 제기한다. 이를 고려해 국가 디지털 트윈 프

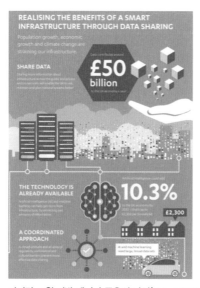

디지털 트윈 기반 데이터 공유의 가치(NIC, 2017.12, Data for the Public Good)

로젝트에 대한 잠재적인 위험을 완화해야 하며 시민의 신뢰를 구축하기 위한 효과적인 메커니즘이 마련되어 있는지 확인할 필요가 있다. 이를 효과적으로 수행하는 것은 우리의 일상생활에서 경제, 사회 및 개인에게 커다란 이익을 가져다줄 수 있겠지만, 규제로 인해 동작되지 않은 디지털 트윈 서비스, 무책임한 기술개발 공적자금 투입, 비표준 기술 사용으로 인한 세금 낭비, 데이터 오염으로 인한 잘못된 의사결정, 해킹으로 인한 보안문제, 허가되지 않은 개인 데이터 접근, 비즈니스 이익만 추종하는 정부와 기업의 정책 실행 등 주요 어젠다 논의 과정들을 간과한다면 오히려 많은 부작용과 퇴보를 가져올 수 있다.

영국은 이를 고려해 시민 공익을 위한 데이터 사용을 보장하는 DFTG(Digital Framework Task Group)를 설립했다.

여기에는 디지털 트윈과 관련된 전문가와 실무자들이 포함되어 있으며 법적, 정책적 규제를 해결할 수 있는 역량을 가진 전문가들이 주

Centre for Digital Built Britain 웹사이트

의 깊은 전문가 선정 프로세스에 의해 멤버로 선택되어 있다. 전문가가 누구인지 확인하는 것은 테스크 그룹 개발에서 가장 중요한 것 중 하나이다. 이들은 플랫폼, 기술 개발에 대한 직접적인 경험이 있고, 다양한 규제 완화 업무에 대한 실무적 능력이 있는 사람들이어야 한다.

CDBB(Centre for Digital Built Britain)에서 릴리즈한 트윈 원칙(Gemini Principles, 2019.1)은 내셔널 디지털 트윈을 개발하기 위한 원칙을 보여준다. CDBB는 영국이 디지털 트윈으로 무엇을 해야 하는지를 논의하고 방향성을 디자인하는 곳이다.

이 보고서는 디지털 트윈이 효과적인 정보 의사 결정을 도와준다고 말한다. 내셔널 디지털 트윈 생태계는 공익을 위한 데이터를 사용해 더 큰 가치를 만든다. 이 리포트는 내셔널 디지털 트윈 기반 국가 정보

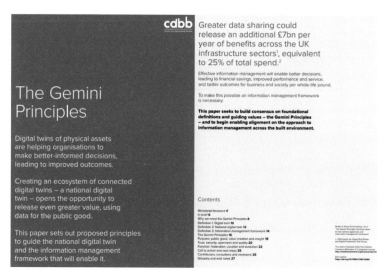

NDT(National Digital Twin) Genimi Principles (The Gemini Principles, 2019.1)

관리 프레임워크 개발 원칙을 제시한다.

더 나은 의사결정을 지원하는 향상된 통찰력을 제공함으로써 가치를 실현하고 실제 세계에서 더 나은 성과를 이끌어낸다. 이 보고서는 '공익을 위한 데이터'라는 개념에 기반해 NDT와 프레임워크를 개발하고 활용하는 데 필요한 원칙을 제공하고 있다. 이 프레임워크의 중심에는 트윈 원칙(Gemini Principles)이라고 부르는 9가지 요소를 제공한다. 이 보고서에서 말하는 트윈 원칙은 공공 데이터, 가치, 통찰, 보안, 개방, 품질, 연합, 큐레이션, 진화이다. 각 원칙은 목표, 신뢰, 기능에 따라 연계된다.

각 원칙은 아래 그림과 같이 키 포인트를 정의하고 있으며, 이에 대한 기준이 설명되어 있다.

Gemini Principle 1

Public good

Key statement: The NDT and framework must be used to deliver genuine public good in perpetuity.

Premise: The NDT and framework are national resources with the purpose of delivering benefits to the public.

Key points: The purpose of the NDT should start with end-users' needs. It should help to deliver inclusive social outcomes.

'Public good' does not imply that the NDT must be entirely publicly funded. The principle of 'value creation' does imply both private and public investment in digital twins.

Gemini Principle 2

Value creation

Key statement: The NDT must enable sustainable value creation, performance improvement and effective risk management at asset, process and system levels.

Premise: Greater economic value will be released by creating an open and dynamic market related to digital twins. Improving the performance of existing and new infrastructure will increase national productivity.

Key points: The NDT must be structured to promote innovation and competition, and to ensure wide access to the benefits, consistent with the principle of public good.

The NDT must facilitate improved infrastructure performance, both as a system and as a service.

Value must be shared fairly within the NDT ecosystem.

Gemini Principle 3

Insight

Key statement: The NDT must provide determinable insight into the built environment.

Premise: Better insight based on better data will enable better decisions and lead to better outcomes for the public. The NDT must help to achieve this and it must be measurable.

Key points: The NDT must enable the generation of meaningful metrics to provide insight on performance and improvement in the built environment. This should include measures of the success for the framework and NDT.

The NDT must facilitate a response to enduring questions[5] such as:

· What infrastructure does the nation have?
· What are its capacity, location, condition and value?
· How do people and businesses use infrastructure?
· How well is the nation's infrastructure performing as a system?
· How well is it providing service?
· What are the environmental, social and economic impacts of existing and proposed infrastructure?

NDT(National Digital Twin) Genimi Principles (The Gemini Principles, 2018)

표준으로 연결되는 메타버스 세계

———

현재 진행형인 메타버스 기술표준화는 3차원 그래픽스 기술부터 블록체인 NFT(Non-Fungible Token)까지 광범위하다.

메타버스는 3차원 몰입형 소셜 기반 인터넷으로 정의되고 있다. 이 관점에서 개방형 메타버스 상호운용성(Open Metaverse Interoperability Group, OMI) 그룹은 로블록스 같은 가상세계 간 연결성을 표준화하기 위해 노력하고 있다. 이 그룹은 W3C(World Wide Web Consortium)의 지원을 받고 있다. W3C는 우리가 사용하는 월드 와이드 웹의 국제표준 조직이니, 차세대 인터넷 표준화를 대비해 메타버스를 고려하고 있음을 알 수 있다.

메타버스는 컴퓨터 그래픽스 기술과 떼어놓을 수 없다. 3차원 컴퓨터 그래픽 표준 기술인 OpenGL을 표준화한 크로노스 그룹(Khronos Group)은 스마트폰에서 데스크톱 컴퓨터까지 지원하는 크로스 플랫폼(Cross-platform) 기반 가상현실 기술인 OpenXR을 제안하고 있다.

산업 표준은 관련 기업 비즈니스 모델에 큰 영향을 준다. 현재 NVIDIA, 페이스북, Epic Games, Cesium과 같은 게임, SNS, 공간정보기술 선두 그룹이 메타버스 표준 선두를 차지하기 위해 경주하고 있다.

가속화되는
디지털 전환의 미래

　지금까지 우리는 뉴노멀시대 디지털 트랜스포메이션 트렌드와 비즈니스 전략에 대한 이야기를 했고, 핵심기술에 대한 이야기를 나누어 보았다. 아울러 비즈니스 무대 뒤 디지털 도구의 역사와 주역, 성공 및 실패 사례, 솔루션 등을 살펴보았다. 우리는 과거와 현재를 통해 미래를 예측할 수 있다. 여기서, 우리 앞에 가속화되는 미래를 그려본다.

기업의 핵심 자산, 디지털 데이터

—

　우리는 포스트 코로나 환경에서 빅 데이터의 중요성에 대해 언급했다. 데이터와 고급 분석은 조직 문화와 의사 결정에서 핵심적인 역할을 한다. 방대한 양의 고객 데이터를 처리하는 비즈니스는 이를 활용해 실시간 비즈니스 인텔리전스를 제공할 수 있다. 더 많은 기업이 비즈니스 인텔리전스(BI) 소프트웨어에 투자하는 것을 보게 될 것이다.

인공지능과 머신러닝, 그리고 빅 데이터

기업이 분석과 BI 소프트웨어에 투자할 것이라는 점을 감안할 때 인공지능과 머신러닝은 기업이 축적한 방대한 데이터를 탐색하는 데 도움이 된다. 이 두 가지를 통해 복잡한 데이터를 빠르고 효율적이며 직관적으로 분석할 수 있다.

인공지능은 데이터 알고리즘을 사용해 고객 선호도를 정의해 데이터 분석 및 고객 구매 행동을 예측할 수 있다. 이 기술 활용에는 지금은 훈련받은 인공지능 개발자가 필요하다. 그러나 앞으로는 일반 대중도 손쉽게 관련 서비스를 개발할 수 있는 도구가 제공될 것이고, 이를 기반으로 디지털 인텔리전트 생태계가 만들어질 것이다.

RPA로의 전환

챗봇과 같은 업무 처리 로봇 소프트웨어인 RPA(Robotic Process Automation)와 자동화는 새로운 것은 아니다.

코로나19 이후 많은 기업이 업무 중단 없이 비즈니스를 지속하기를 원했다. 기업은 이 기간에 인력에 대한 의존도를 낮추기를 원했다. 많은 기업은 RPA를 사용해 업무를 자동화하고, 기존 인력은 구조조정되어 좀 더 창의적인 일을 할당할 것이다.

가트너(Gartner)는 올해 RPA 소프트웨어에 대한 지출이 13억 달러에 이를 것으로 예상했고, 포레스터(Forrester)는 2021년에 RPA 소프트웨어 시장이 29억 달러에 이를 것으로 예측했다.

RPA는 많은 운영 프로세스에 영향을 미치고 비용을 절감하며 효율성을 높이고 직원에게 반복적인 업무를 제거해 직원이 좀 더 창의적인 작업을 수행할 수 있는 시간을 제공한다.

RPA에서 최대의 가치를 창출하기 위해 기업은 대화형 인공지능 플랫폼, 머신러닝 및 스마트 워크플로 도구와 같은 다른 기술과 통합할 것이다. 이를 통해 기업은 고객에게 더욱 풍부한 경험을 제공하고 디지털 혁신을 추진할 것이다.

대화형 인공지능 솔루션과 옴니채널의 통합

많은 기업들이 과거에 챗봇이나 디지털 비서에 막대한 투자를 꺼려했다. 그러나 대화형 인공지능은 수년에 걸쳐 극적으로 발전했다. 오늘날 챗봇은 메시지를 이해하는 것 이상을 수행하고, 복잡한 대화를 이해하며, 자연어 처리를 통해 고객의 감정과 의도를 감지할 수 있다.

챗봇은 신속성, 개인화 및 고품질 고객 경험을 충족할 수 있다. 기업은 서비스 확장성, 다용도, 옴니채널 및 다국어 시설을 제공하는 동시에 인간과 유사한 24시간 서비스 지원이 가능한 인공지능 도구를 이용할 것이다.

5G와 Wi-Fi 6

2020년부터 5G가 시장에 적용되기 시작했다. 통신 분야는 5G 기술이 급증하는 고객 요구를 충족시키기 위해 더 빠른 광대역 속도와 더 안정적인 모바일 네트워크를 제공할 수 있도록 노력하고 있다. 5G는 스마트 시티, 무인 자율주행차 개발, 사물 인터넷(IoT) 등 빅데이터 분석 처리 집약적 기술의 발전에 영향을 미칠 것이다.

Wi-Fi 6은 집에서 업무하거나, 오락을 수행하기 위해 온라인에 접속하는 사용자에게 훨씬 더 빠른 처리 및 연결 속도를 제공한다. Wi-Fi 6는 더 많은 장치와 연결, 더 많은 양의 데이터 전송을 지원한다.

디지털로 증강된 유니버스로의 고객 경험

디지털 전환 결과는 고객 경험과 연결되며, 이는 비즈니스 목표에 따라 달라진다. COVID-19는 연결성(5G, Wi-Fi 6), 클라우드 스토리지, 자동화(RPA) 및 대화형 인공지능과 같은 도구의 필요성을 높였다. 이러한 기술은 모든 산업 분야에서 두드러지게 나타날 것이다. 많은 기업들이 현실 세계보다 수정되기 쉬운 디지털 세계에서 상품을 진열하고, 서비스를 판매하고 있다. 이미 사람들은 디지털로 증강된 현실에서 많은 시간을 보낸다. 궁극적으로 고객 경험은 시공간 제약이 없는 차세대 인터넷 플랫폼인 메타버스로 진화할 것이다.

시공간 제약 없는 디지털 오피스 포털

COVID-19는 사람들이 일하는 방식에 전환점이 되었다. 이 시기, 기업은 직장에서 사회적 거리를 유지하고 원격으로 소통하기 위한 디지털 도구를 제공해야 했다. 인적관리팀은 직원의 연락 창구를 지원해야 했다. 직원을 위한 디지털 포털 중요성이 커졌다. 설문조사에서 밀레니얼 세대의 42퍼센트는 직장에서 표준 이하의 디지털 도구를 사용한 업무 환경의 직장은 그만둘 것이라고 말했다.

> 밀레니얼 세대는 구식 기술로 인해 반복적인 작업을 수행하는 데 좌절감을 느낀다.

여기에서 자동화, 대화형 인공지능 도구가 작업 환경을 개선하고 직원이 작업을 효율적으로 수행할 수 있도록 지원할 수 있다.

디지털 세계 해킹

EU의 데이터 보호 규정(GDPR, General Data Protection Regulation) 제정, 대기업에 대한 개인 자료에 대한 엄격한 보호 요구로 인해 많은 회사가 보안에 대해 더 심각한 입장을 갖게 되었다. 전년도 전 세계 연간 매출의 4퍼센트에 달하는 GDPR 벌금은 이러한 규정을 준수하지 않는 것이 얼마나 심각한지 보여준다.

디지털 전환으로 쌓아올린 세계는 해킹에 취약할 수 밖에 없다.

핵심 자산인 디지털 데이터의 변조와 탈취는 기업에 재앙이 될 것이므로, 관련 보안 산업은 크게 성장할 것이다.

우리는 디지털 혁신이 새로운 것은 아니지만 레거시 프로세스의 제약과 문화적 장애물로 인해 프로세스가 지연되는 경우가 많다는 것을 확인했다. 이 비정상적 한 해 동안 기업들이 변혁을 가속화함에 따라 디지털화를 더 늦추고 현재에 안주할 시간이 거의 없다.

새로운 파괴자가 시장에 등장하고 있으며 기업은 CIO가 업계 요구에 따라 최고의 기술을 배포하고 새로운 브랜드 차별화 요소인 고객 경험의 표준을 충족하는 디지털 혁신 전략을 계획할 것으로 기대한다.

언텍트 뉴노멀이 여행 제한을 가져오고 대규모 원격 근무를 해야

Digital Transformation Revolution With Digital Twin Technology(depusa)

했을 때, 디지털 전환 경험이 있는 회사는 비즈니스를 계속할 수 있었다. 자동화, 대화형 AI 및 셀프 서비스와 같은 솔루션은 비즈니스 핵심 도구로 사용되었고, 팬데믹과 이를 둘러싼 제한이 사라지더라도 유지될 것이다. 산업혁명과 같이, 뉴노멀로 산업 환경이 바뀌었다. 이제 우리는 환경에 적응해 생존하거나 회피하다 멸종하는 양갈래 길 앞에 있다. 디지털 혁신을 수용하고 고객 여정을 한 단계 더 발전시키기 위해 근본적인 변화를 준비하는 기업은 보상을 받을 것이다. 디지털 전환은 비즈니스 목적에 맞도록 정렬하고 스마트하게 실행해야 한다.

> 무조건 개발된 IT기술을 추종할 것이 아니라 비즈니스 가치에 기반한 활용이 되어야 할 것이다. 기술을 개발하는 것보다 디지털 전환 문화와 생태계를 만들어나가는 것이 훨씬 어렵다. 디지털 생태계는 개방적이고 합리적인 정책과 함께 현명한 의사결정자가 참여자들과 지속적으로 만들어 나가야 성공할 수 있다.

디지털 전환의 가치는 데이터에서 나오고, 데이터의 가치는 활용 목적에 따라 달라지며, 활용 목적은 비즈니스 모델에 따라 그 효용이 변화한다.

지금까지 우리는 뉴노멀 이후 비즈니스 환경의 변화로 가속된 디지털 전환, 역사, 성공과 실패, 로드맵과 전략, 도구, 사례들을 살펴보았다. 더불어, 디지털 전환 무대 뒤에 움직이는 기술들을 자세히 살펴보았다.

디지털이 실세계를 집어삼키고 있는 시점에서, 인류는 디지털 세계 생존을 위한 디지털 트윈, 메타버스로의 항해를 시작했다. 디지털 전환 DNA를 갖춘 조직과 인재는 곧 다가올 미래에 생존 뿐 아니라 뉴노멀 역사의 주역이 되리라 믿는다. 이 책이 그 여정의 시작이 되길 바란다. 이상한 나라 속을 여행하는 엘리스처럼, 우리는 디지털 세계와 같은 마법의 나라에서 시공간 제약을 벗어난 무언가가 되고 싶을지 모른다. 이와 관련해, 인간 속에 내재된 자유와 본성을 탐구했던, 어느 인문학자가 남긴 글로 책을 마무리하고자 한다.

> For the purpose of presenting my argument I must first explain the basic premise of sorcery as don Juan presented it to me. He said that for a sorcerer, the world of everyday life is not real, or out there, as we believe it is. For a sorcerer, reality, or the world we all know, is only a description.
>
> _ 카를로스 카스카네다. Journey to Ixtlan, 1972.

부록

01

디지털 전환 프로젝트
프랙티스

부록 1에서는 디지털 전환이 실제 어떻게 이루어지고 있는지를 살펴보기 위해 프랙티스를 기반으로 디지털 트윈 솔루션을 연출하는 무대 뒤를 엿보기로 한다. 여기서 우리는 막을 올리기 전에 해야 할 일을 어떻게 정리하고, 단계적으로 디지털 트윈을 연출해나가는 지 이해해본다. 여기에서 소개하는 프랙티스는 실제 프로젝트 사례를 요약한 것이다. 단, 이야기 전달이 쉽도록 너무 기술적이고 상세한 내용들은 간략히 정리했음을 밝힌다. 또한, 고객 요구 사항에 따라 디지털 전환, 디지털 트윈 솔루션은 다양할 수 있음에 유의한다. 기술적인 구현 방법과 도구가 궁금하다면, 이 책의 나머지 부록(디지털 전환 도구 소개 및 개발 사례)을 살펴보길 바란다.

디지털 전환 전략 개발

―――――

모든 디지털 전환 프로젝트의 첫 단추는 최고 의사결정자가 디지털 전환에 대한 비전을 선포하고, 디지털 전환팀을 구성하는 것이다.

디지털 전환팀은 디지털 전환에 대한 전문지식과 경험이 있는 팀장과 팀으로 구성되어 있어야 하고, 의사결정자와 경영진에게 보고 및 자원 할당 권한이 있어야 한다. 아울러 디지털 전환팀은 도메인 지식을 가진 이해 당사자들이 자문할 수 있는 형태여야 한다. 디지털 전환팀은 아래에 설명하는 모든 프로세스가 어떻게 실행될 것인지를 시뮬레이션해서 비즈니스 캔버스 같은 방향타 역할을 하는 모델을 이해 당사자들에게 제시하고 설득시킨 후에 리소스를 확보해야 한다.

디지털 전환팀의 첫 번째 수행 단계는 이 프로젝트와 관련된 이해 당사자가 누구인지 확인하고, 그들의 페인 포인트(Pain point, 불편함)와 요구 사항을 확인하는 것이다. 그리고 제약된 리소스에서 효과적으로 디지털 전환을 성공시키기 위해 요구 사항에 우선순위를 결정하고 RoI를 계산해야 한다. RoI는 핵심성과지표 등을 고려해 계산된다. RoI가 계산될 수 있고, 투입되는 비용 대비 가치가 꾸준히 발생될 수 있다면, 해당 요구 사항은 우선순위뿐 아니라 효과도 좋은 것이다.

요구 사항 분석 후 구현에 필요한 디지털 전환 도구 및 방법을 예산 제약 조건 하에 결정해야 한다. 요구 사항은 구현될 시스템에서 유기적으로 동작되어야 하므로 시스템 프레임워크와 아키텍처를 설계할 필요가 있다. 초기 설계부터 사용자, 설계자 및 이해 당사자들이 참여해 요구 사항에 맞게 시스템 구조가 설계될 수 있도록 해야 한다. 아울러 사용자의 디지털 수용 수준을 고려한 디지털 전환 로드맵을 함께 개발한다.

시스템 설계 후에는 이를 적절하게 구현할 수 있도록 인하우스 및 아웃소싱 개발 조직의 산출물을 검토하고 품질 관리를 할 수 있도록 디지털 전환 품질 관리 테스트 계획을 개발한다. 테스트 계획은 요구 사항 구현 결과, 시스템 구조, 산출물 등 결과물이 설계된 대로 개발 및 동작되었는지를 검증할 수 있어야 한다.

개발 단계는 매우 기술 전문적인 프로세스이다. 인하우스로 할 것인지, 아웃소싱으로 진행할 것인지에 따른 개발 계획서를 만들고, 요구 사항에 부합하는지 검토해야 한다.

이 책에는 이와 관련된 실패 및 성공 사례를 설명했는데, 실제 개발 단계는 이보다 훨씬 복잡한 문제들이 발생한다. 예를 들어 너무 도전적인 디지털 전환 도구를 사용하기로 했다가 개발 인력 부족으로 프로젝트가 좌초되는 경우도 발생할 수 있다.

반대로 너무 오래된 레거시 기술을 사용하는 바람에 전면 개발이 결정된 프로젝트도 있다. 때문에 개발 계획서는 이와 관련된 경험이 많은 프로젝트 개발 팀장과 팀원을 선정하는 것이 매우 중요하다.

개발 후에 디지털 전환이 제대로 수행되었는지를 테스트 계획서를 바탕으로 구현 및 운영 테스트를 수행한다. 테스트는 다양한 시나리오에 따라 충분히 확인해야 하며, 각 이해 당사자들이 테스트 과정에서 함께 참여해 수행해야 한다. 테스트를 위해 충분한 시간과 자원을 할당해야 한다.

테스트가 성공적으로 마무리되면 경영진에 그 결과를 보고하고, 유지 보수 계획, 교육 및 훈련 계획 등 실제 운영에 필요한 매뉴얼을 개발한다.

서비스 운영 단계에서는 서비스를 사용할 사용자 유형에 따라 서비스를 유통하고 배포시킨다. 사용자 유형에 따라 서비스를 배포할 홍보 및 유통 채널 유형은 매우 다양해질 수 있다. 예를 들어 일반 사용자라면 SNS, 앱스토어 등이 채널이 될 수 있다. 회사 직원이 사용자라면 사내 인터넷망 등이 채널이 될 수 있다. 이 경우, 적절한 서비스 사용 교육 및 훈련 매뉴얼이 제공된다.

유지 보수 단계에서는 초기 정의된 요구 사항을 만족하는 서비스가 될 수 있도록 품질을 관리하는 작업을 수행한다. 기업의 경우 전산실이 되는데, 디지털 전환팀과 함께 핵심성과지표 보고서를 생성하고, 문제가 되는 부분을 보고하는 작업을 함께 수행한다.

다음은 앞서 설명한 디지털 전환 전략개발 프로세스를 요약한 것이다.

1. 디지털 전환 비전 제시
2. 디지털 전환팀 개발

3. 디지털 전환 사용자, 이해 당사자, 예산, 리소스 확인 및 분석

4. 디지털 전환 KPI, 요구 사항 분석

5. 디지털 전환 방법 및 도구 선택

6. 디지털 전환 RoI, 프레임웍 및 로드맵 설계

7. 디지털 전환 시스템 아키텍처 설계

8. 디지털 전환 개발

9. 테스트

10. 운영

11. 유지 보수 및 개선

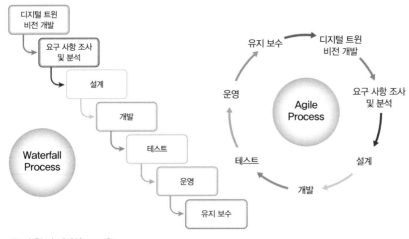

폭포수형 및 에자일 프로세스

이 프로세스는 디지털 전환팀에서 설계할 수 있으며 이해 당사자들
이 모여 정리할 수 있다. 이 전략 개발 프로세스는 사용자, 요구 사항

및 디지털 전환 환경에 따라 적절히 설계되어야 한다. 이러한 프로세스는 요구 사항이 적용된 디지털 전환 설계 요소들을 차례대로 개발해 한 번에 배포하는 폭포수형(Waterfall)이 될 수도 있고, 에자일(Agile) 같이 점진적으로 요구 사항을 수집해 개발하고 적용해나가는 방식이 될 수도 있다. 각각 장단점이 있으니 고려해 프로세스를 수행한다.

다음 장에서는 디지털 전환을 구현하는 기술적인 도구와 방법을 사용한 예를 다룬다.

디지털 트윈 기반 N 캠퍼스 건물 공간 관리 시스템

배경

미국에 소재한 N 대학은 효과적인 환경 모니터링 및 시설물 관리를 위해 디지털 트윈 시스템을 도입하기로 결정했다. 공립대학교인 N 대학은 1965년에 설립되었고, 현재 교직원 679명에 재학생 1만 7,043명이 캠퍼스 시설을 사용 중이다. N 캠퍼스 크기는 1,300에이커, 28개 주요 건물과 6개 주택 시설을 갖추고 있다. 캠퍼스의 시설물 관리 작업은 방대하고, 지속적으로 많은 유지보수 비용이 필요하다. 시설물을 적절히 관리하지 못하면, 환경 등 여러 가지 규제에 따른 천문학적인 비용이 부과된다. 경영진은 이와 관련된 캠퍼스 시설물 관리를 디지털화하기를 원했다.

디지털 전환 요구 사항과 전략

디지털 전환팀이 구성된 후 사용자 요구 사항이 무엇인지 조사하는 것이 첫 번째 시작이었다. 디지털 전환팀은 1개월에 거쳐 시설물 관리에 관련된 주요 의사결정자, 이해 당사자들을 확인하고, 인터뷰하고, 관련 정보를 확인했다. 이를 통해 핵심 요구 사항 우선순위, 디지털 전환에 필요한 데이터 항목이 무엇인지 등을 확인했다.

경영진의 경우, 건물 공간 환경 관리를 위한 규정이 강화되면서, IoT 센서 등을 이용한 시설물 관리에 관심을 가지게 되었다. 지금까지 건물 공간 관리는 시설물 관리 직원이 각 건물들을 정해진 시간에 방문해 체크 리스트를 만드는 방식이었으나 수많은 건물 공간의 환경을 관리하기에 비용 측면에서 효과적이지 못했다. IoT 장치를 사용하면 실시간으로 건물 환경 데이터를 모니터링할 수 있다.

시설물 관리자의 경우, 시설물 관리에 필요한 데이터가 분산되어 있다는 것이 문제였다. 특정 공간에 문제가 발생했을 때, 공간에 대한 도면 정보, 유지 보수 이력 등을 시설물 관리 오피스에 쌓아 놓은 종이 기반 정보를 통해 읽고 해석해 대처 방안을 마련하는 데 오랜 시간이 걸렸다. 이런 이유로 종이 기반의 시설물 정보를 디지털화해야 할 필요가 있었다. 데이터가 클라우드로 적절히 통합되어 있지 않으면 각 개별 시스템에 접속해 데이터를 검색해보아야 한다. 이 또한 많은 시간이 소모되는 작업이었다. 사용자인 학생들의 경우, 스터디룸 등 공간을 사용할 때 예약 시스템이 별도로 구축되어 있어 개별 확인이 필요했다. 예약된 공간도 사용되지 않은 경우가 있었는데, 이용하기에는 많은 시간이 소모되었다.

이런 요구 사항들을 고려해 핵심성과지표인 KPI는 다음과 같이 결정될 수 있다.

N대학 KPI 정의 예시

No	KPI	사용자	성과 계산 방법	단위
KPI1	Environmental Code Violation Response Time (ECVRT, 환경 규약 위반에 대한 대응 시간)	경영진	ECVRT = 대응 시점 − 환경 규약 위반 시점	분
KPI2	Information Search Response Time (ISRT, 정보 검색 응답 시간)	시설물 관리자	ISRT = 정보 획득 시점 − 정보 검색 요구 시점	분
KPI3	Reservation Response Time (RRT, 예약 응답 시간)	학생	RRT = 사용 시점 − 사용 예약 요구 시점	분

KPI는 사용자의 핵심 요구 사항으로부터 도출되어야 한다. 핵심 요구 사항은 사용자가 기꺼이 투자해 얻고자 하는 서비스가 되어야 한다. KPI는 명확한 성과 계산 방법과 표현 단위를 가져야 한다. 이 단위는 향후 성과의 가치를 계산할 때 돈, 시간 등 사용자가 관찰하고 싶은 양으로 표현하는 데 도움이 된다.

핵심 요구 사항으로부터 KPI가 디지털 전환 이전의 현재 상태(AS-IS)와 이후인 미래 상태(TO-BE)를 명확히 계산할 수 있다. 현재 상태는 각 KPI의 현황을 조사해 평균값 등 통계 계산을 통해 얻을 수 있다. 미래 상태는 실제 디지털 전환되었을 때 사용자가 서비스를 사용하는 시나리오를 시뮬레이션해 계산할 수 있다. 미래 상태에서 현재 상태의 차이는 투입 대비 효과를 계산할 때 필요한 가치를 구하는 데 필요하다.

$$\text{Value} = \sum \text{TO\_BE}(\text{KPI}) - \text{AS\_IS}(\text{KPI})$$

비용은 각 서비스 요구 사항을 구현하는 데 필요한 리소스이다. 비용은 투입 예산이나 시간 등으로 표현할 수 있다. 서비스가 구현되면 시스템 관리에 필요한 비용도 발생한다. 아울러 디지털 전환 과정에서 발생하는 다양한 기회비용도 포함시켜야 한다. 비용은 필요성에 따라 구성 항목이 조정될 수 있다.

$$\text{Cost} = \text{투입비용} + \text{관리비용} + \sum \text{기회비용}$$

제한된 예산을 고려해 디지털 전환 로드맵을 다음과 같이 개발했다.

1단계는 시설물 관리 중 오피스 공간 및 환경 관리를 구현하기로 한다. 직관적인 공간 관리를 위해 디지털 트윈 기술을 활용하기로 했으며 차후 시설물 관리에 재활용될 수 있도록 했다. 공간 관리를 위한 데이터는 온도, 조도 및 습도를 측정하는 센서를 사용해 실시간으로 획득할 수 있도록 한다. 1단계 개발 결과는 2단계 디지털 전환 단계의 전략 개발 시 피드백으로 활용한다.

2단계는 기존 시설물 관리 중 분산된 데이터를 디지털화하고, 클라

비즈니스 모델 캔버스 Business Model Canvas				
설명 Description			이익 흐름 Revenus streams	
디지털 트윈 기반 캠퍼스 시설물 공간 환경 관리 서비스 제공			ECVRT = 대응시점 – 환경규약위반시점 ISRT = 정보획득시점 – 정보검색요구시점 RRT = 사용시점 – 사용예약요구시점 Value = Σ TO_BE(KPI) – AS_IS(KPI)	
목표 Customer Targets	고객의 어려움 Challenges	해결책 Our solution	고유 가치 Our value	서비스 가격 Our pricing
대학 캠퍼스 경영진, 시설물 관리자, 학생	P1. 인력소모 P2. 분산데이터 P3. 느린응답시간	P1. 자동화된 환경 모니터링 P2 .IoT, 클라우드 기반 데이터 통합	V1. 실시간 데이터 수집/분석 V2. 클라우드 서비스	Cost = (투입비용 + 관리비용 + Σ기회비용) / 사용자 수
서비스 메시지 Our messaging			마켓 판매 채널 Go–to–Markrt	
클라우드 기반 캠퍼스 공간환경관리 자동화			인트라넷 및 SNS	
요구되는 투자 Investment required			성장 기회 Growth opportunity	
$ 0 million			KPI 기반 고객 만족을 통한 캠퍼스 시설물 및 환경 규약 모니터링 조직 업무 효율화	

대학 캠퍼스 시설물 공간 환경 관리 서비스 비즈니스 모델 캔버스(예시)

우드 기반으로 데이터베이스화한다. 디지털화된 데이터는 서비스에서 목적에 맞게 사용할 수 있도록 인터페이스를 만들고 필요한 시스템과 연결시켜 줄 수 있어야 한다. 서비스는 스마트폰, 인터넷 등 다양한 곳에서 사용될 수 있어야 한다. 이 기종 간에 데이터를 상호교환하고 연결시켜주기 위해서는 API(Application Program Interface)나 데이터 교환 표준 포맷을 고려한다.

3단계는 클라우드 기반으로 통합된 데이터를 분석, 예측 및 시뮬레이션할 수 있는 서비스를 사용자에게 제공하는 것이다. 예를 들어 사물 인터넷에서 빅 데이터 분석하고 인공지능 모델로 학습해 시설물 관리 시 이상 패턴 등을 관리자에게 사전 예측하는 일련의 흐름을 제공한다. 최종적으로 디지털 트윈 개념을 캠퍼스 시설물 관리에 적용해 실세계에 존재하는 시설물 데이터를 디지털 세계에서 관리해, 데이터 분석과 시뮬레이션 서비스를 구현해 KPI 개선에 도움을 주는 시스템을 개발한다.

다음은 개발된 전략을 경영진 및 투자자에게 설득하기 위한 비즈니스 캔버스 모델 예시이다. 참고로, 비즈니스 캔버스는 투자자나 사용자 관점에서 표현될 수 있도록 한다.

개발

이 사례는 온도, 조도, 습도 등 환경 센서를 이용해 데이터를 실시간으로 취득한다. 서비스와 데이터 간 상호연결을 위해 Open API 서버를 개발했으며 모든 데이터는 클라우드 기반으로 관리된다. 데이터

디지털 트윈 기반 대학 캠퍼스 공간 환경 모니터링 관리(예시)

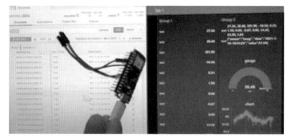

1단계에 사용된 환경 모니터링 센서(일부)

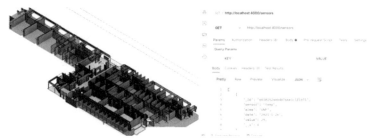

센서 데이터 쿼리를 위한 UNF BIM 모델 및 Open API

베이스는 NoSQL을 사용했다. 공간 위치 기반 정보 검색을 위해 공간을 스캔해 3차원 건축 모델인 BIM 데이터를 생성했다.

공간에 설치되는 센서는 IoT 기능이 지원되는 에지컴퓨터 형태이고, 크기는 손가락만하다. 취득된 센서 데이터에서 이상 패턴 검출 등 데이터 분석을 할 수 있도록 했다. 모든 정보는 권한을 가진 인터넷 웹 기반으로 접근할 수 있다.

BIM은 수집된 데이터를 위치를 기반으로 각 공간에서 시각화했다. 특정 건물 영역의 환경 변화를 쉽게 확인할 수 있다. BIM의 특수 정보와 센서 데이터를 연결하기 위해 BIM의 각 객체에 객체 분류 정보를 입력했다.

사용자는 오토데스크 포지(Autodesk Forge)를 기반으로 개발된 디지털 트윈 서버를 통해 각 공간의 환경 현황 시각화, 기간별 데이터 분석, 그래프 분석 등 다양한 기능을 사용할 수 있다. 컴퓨터, 태블릿, 스마트폰을 포함한 모든 정보는 웹을 통해 액세스할 수 있다.

웹 기반 서비스는 업계 표준 프로토콜과 REST Open API, JSON 같은 오픈 소스 도구를 갖춘 확장성이 뛰어난 플랫폼을 사용해 개발되었다. 서비스 개발의 전체 비용은 오픈소스를 활용함으로써 저렴하게 개발되었다. 유연한 오픈소스 기술 덕분에 프로토타입은 유연하고 확장 가능하여 향후 추가 요구 사항과 변경 사항을 적용할 수 있다.

1단계 개발 후 디지털 전환팀과 의사결정자들은 2단계 개발을 위한 요구 사항을 조사하고 추가 서비스를 개발할 계획이다.

02

디지털 트랜스포메이션 전략 계획 템플릿

여기서 예시한 디지털 전환 템플릿은 비즈니스 목적에 따라 그대로, 혹은 변형해서 사용할 수 있도록 관련 자료를 bimprinciple.blogspot.com/2022/03/blog-post.html 사이트에서 다운로드할 수 있다. 관련 자료들은 향후 계속 추가된다.

비즈니스 모델 캔버스

비즈니스 모델 캔버스 Business Model Canvas				
설명 Description			**이익 흐름** Revenus streams	
당신의 비즈니스 모델에 대한 기본 정보			비즈니스 목표와 이득을 어떻게 측정하나?	
목표 Customer Targets	고객의 어려움 Challenges	해결책 Our solution	고유 가치 Our value	서비스 가격 Our pricing
고객이 해결하기를 원하는 도전적인 문제 상위 3개	당신의 고객들이 기존 서비스 이용 시 힘들어하는 부분	고객의 문제를 해결할 수 있는 당신의 핵심적인 솔루션	솔루션의 차별된 핵심 요소	솔루션을 체키징하는 방법과 비용 설계
서비스 메시지 Our messaging			**마켓 판매 채널** Go-to-Markrt	
요구되는 투자 Investment required			**성장 기회** Growth opportunity	

비즈니스 모델 캔버스

Key Partners 핵심 파트너	Key Activities 핵심 비즈니스 활동	Value Propositions 고객의 문제에 대한 솔루션 가치를 제시	Customer Relationships 고객, 시장과의 관계	Customer Segments 고객 세그먼트들
1. 대학교 캠퍼스 시설물 관리자 및 오너 2. 대학교 캠퍼스 시설물 사용자	대학교 시설물 관리 서비스 제공 **Key Resources** 기업의 핵심 자산들 1. 3차원 공간 정보처리 기술 및 인력 2. 3차원 스캔 3. 시뮬레이션 기술 4. 클라우드 데이터 관리	1. 인력 기반 시설물 관리 시스템으로 정기적인 패트롤 필요 2. 빈번한 시설물 관리 인력 교체 3. 시설물 관리 인력 수급 어려움 4. 사용 안되는 캠퍼스 공간에 대한 에너지 등 비용 낭비 5. 레거시 데이터 관리	1. 시스템 및 플랫폼 구축 2. 서비스 제공 **Channels** 고객, 시장에 솔루션 제안, 전달 방법 1. 클라우드 기반 서비스 2. 서브스크립션 방식 3. SNS 기반 홍보 4. 방문 데모 및 대면 홍보	

Cost Structure 비용 구조	Revenue Steams 이익 흐름

SWOT

SWOT 분석	
강점 Strengths	**약점** Weaknesses
당신의 비즈니스 모델에 대한 기본 정보	비즈니스의 목표와 이득을 어떻게 측정하나?
기회 Opportunities	**위협** Threats
당신의 서비스가 시장에 활용될 때 효과	제공하는 서비스가 가지고 있는 리스크

KPI

Item	KPI 1	KPI 2
Strategic Goal: 전략 목표: 지표로 평가될 수 있는 전략적 목표 이름		
Audience/Access: 평가 및 접근: 이 지표와 관련된 고객 및 평가자		
Key Performance Questions(s): 핵심 성과 평가 질문: 이 지표를 평가할 때 도움이 되는 질문들		
Indicator Name: 성과 지표명: 짧고 명확한 지표명		
Data Collection Method: 자료 수집 방법: 지표와 관련된 자료 수집 방법 명시		

Roadmap

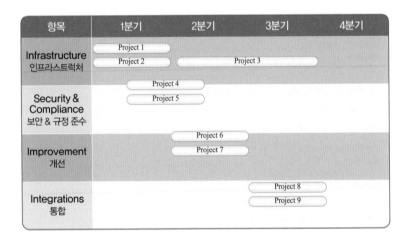

항목	1분기	2분기	3분기	4분기
Infrastructure 인프라스트럭처	Project 1 Project 2	Project 3		
Security & Compliance 보안 & 규정 준수	Project 4 Project 5			
Improvement 개선		Project 6 Project 7		
Integrations 통합			Project 8 Project 9	

Digital Transition Schedule

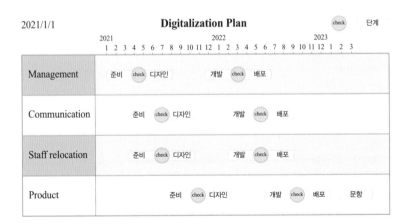

2021/1/1 · **Digitalization Plan** · (check) 단계

	2021				2022			2023	
Management	준비 (check) 디자인			개발 (check) 배포					
Communication		준비 (check) 디자인			개발 (check) 배포				
Staff relocation		준비 (check) 디자인			개발 (check) 배포				
Product			준비 (check) 디자인			개발 (check) 배포		문항	

Roadmap canvas

Roadmap Canvas - business model transformation

주제:	팀명:	날짜:

	Now	Short - term	20_ _	Medium - term	20_ _	Long - term	20_ _	Vision
시장 성장 요인 Market drivers								
전략 Strategy	Current state		Transformation pathway			Future state		
Sustcmer segments	◇							
Custcmer channels								
Custcmer relaticnships								
Revenue streams								
Value propositions								
서비스 Service								
제품 Praduct								
시스템 System								
Cost structure								
Key activities								
Key resources								
Key partnerships								
기술 Technolagy								
조력기관 Enablers								

03

디지털 전환 도구 소개 및 개발 사례

 디지털 전환 프로젝트 성공을 위해서는 기술에 대한 구조나 사용방법에 대한 이해가 있어야 할 것이다. 이 장에서는 디지털 전환의 핵심 기술 구현에 필요한 도구와 개발 방법을 소개한다. 이 도구는 다수의 실리콘밸리 스타트업들이 사용하고 있는 검증된 오픈소스를 사용한다.

 각 기술에 대한 도구 사용 방법은 QR코드로 접근해 읽을 수 있도록 블로그에 따라하기 방식으로 적혀 있다. 각 링크에 연결된 블로그는 작은 디지털 서비스 개발 프로토타입 형식이라 유사한 서비스의 기술 아키텍처나 구현 방법을 이해하는 데 참고가 될 것이다.

인공지능 기계학습 및 딥러닝 도구

구글 코랩(Colab)으로 쉽게 딥러닝해 보기

머신러닝 플랫폼 텐서플로우 최신 버전 설치 및 개념

텐서플로우 MNIST 딥러닝 및 텐서보드 그래프 가시화

딥러닝 Hello World—MNIST, CIFAR—10 데이터베이스
구조와 이미지넷

YOLO(You Only Look Once) 딥러닝 모델 기반 사용자
데이터 라벨링, 훈련 및 객체 인식 기술 개발 방법

페이스북 딥러닝 객체 인식 프레임웍 Detectron2 기반
객체 인식 및 탐색 방법

고성능 인공지능 임베디드보드 NVIDIA AGX Xavier
소개, 설치 및 예제 실행

딥러닝 기반 실시간 객체 인식 YOLO v5 설치 및 사용기

지식 서비스 개발을 위한 그래프 모델과 온톨로지 구조

사물 인터넷

사물 인터넷 연결 플랫폼 IFTTT과 MQTT

IoT시스템 개발을 위한 오픈소스

Arduino Nano 33 BLE보드와 TinyML 기반 딥러닝
처리 방법 및 사용기

오픈소스 기반 실시간 실내 위치 측정 시스템

리눅스 기반 IoT 연결 플랫폼 node-red 설치하기

고정밀 GNSS IMU와 ROS 연동하기

로보틱스

드론/로버 기반 원격 센서 데이터 취득 시스템 개발 시 기술, 고려 사항 및 드론 활용 시 한계

NVIDIA TK 임베디드 기술 기반 ROS, 센서, 무선 및 배터리 설치

빅 데이터 처리

빅 데이터 처리를 위한 윈도우 버전 hadoop, spark 설치 및 간단한 사용법

딥러닝 훈련용 대용량 이미지의 하둡 파일 준비 방법

아파치 Kafka, MongoDB, 파이썬 기반 빅 데이터
메시지 스트리밍 서버 개발

클라우드 컴퓨팅

간단한 AWS EC2 클라우드 서비스 사용, 터미널 접속 및
웹서버 개발

아마존 AWS 딥렌즈(DeepLens) 사용기

컨테이너 기반 오픈소스 가상화 도구인 도커(Docker)
기반 NVIDIA GPU 드라이버 설치 및 딥러닝 프레임워크
실행

간단한 도커 기반 케라스 LSTM 딥러닝 모델 학습 및
데이터 예측

지능적 비전 지원을 위한 Azure 기반 프로젝트 키넥트

리눅스 우분투 18.04와 NVIDIA 드라이버 설치 솔루션

도커 기반 우분투, 텐서플로우, PyTorch 설치, 개발 및 관련 명령 정리

Ubuntu 20.04, DOCKER, CUDA 11.0 기반 NVIDIA-DOCKER, 텐서플로우, 파이토치 설치 및 사용기

공간 정보 기술

카메라 영상에서 3차원 공간 데이터 생성을 위한 Visual SLAM 알고리즘 ORB SLAM3 빌드 및 사용하기

2차원 이미지에서 3차원 모델 자동 생성하는 SFM 기반 OpenMVG

3차원 비전 기반 객체 인식

벨로다인 LiDAR로 실시간 3차원 지도맵핑 기술 SLAM(Simultaneous Localization And Mapping) 만들기

GeoServer, PostgreSQL 기반 CesiumJS 지도 웹 서버 개발 방법

블록체인

비트코인 소스 코드 빌드, 사용 및 블록체인 코드 구조 분석

간단한 BIM 기반 스마트 계약 개발하기

대체불가능 토큰 NFT 개념과 직접 만들어보기

메타버스, 디지털 트윈

디지털 트윈 기반 건설(Digital twin-based Construction)과
프레임워크

오픈소스 기반 IoT, MongoDB, BIM과 Autodesk Forge
연결 개발 방법

심심할 때 따라해 보는 언리얼 엔진 게임 개발하기

간단한 실시간 센서 데이터 가시화를 위한 아두이노와
언리얼 연결 방법

홀로렌즈 개발 환경 설정 및 앱 개발 방법

가상현실 2세대 기술 – 오큘러스 퀘스트 설치, 사용 및
개발

참고 자료

- 강태욱, 2011.6, BIM의 원리, SpaceTime
- 강태욱, 김호중, 2014.1, BIM기반 건축 협업 디자인, SpaceTime
- 강태욱, 임지순 역, 2015.2, 스마트 홈 오토메이션, 씨아이알
- 강태욱, 현소영 역, 2014.12, 스마트 빌딩 시스템, 씨아이알
- 마이크로소프트, 2017, Workplace Safety Demonstration
- 버츄얼 싱가포르, 싱가포르
- 강태욱, 2017.11, 3차원 스캔 비전 역설계, 씨아이알
- Adit Deshpande, 2016, The 9 Deep Learning Papers You Need To Know About CNN
- Adit Deshpande, A Beginner's Guide To Understanding Convolutional Neural Networks, UCLA
- Adrian Rosebrock, 2016, My Top 9 Favorite Python Deep Learning Libraries
- AECbytes, 2018, BIM and Blockchain
- AIG, Human Condition Safety: Using Sensors to Improve Worker Safety
- BIM CHAIN, https://bimchain.io/solution/
- BIM coin ICO, https://www.joinusbim.com/#home
- CDBB, 2019.1, NDT(National Digital Twin) Genimi Principles
- Charles R. Qi, Hao Su, Kaichun Mo, Leonidas J. Guibas, 2016, PointNet: Deep Learning on Point Sets for 3D Classification and Segmentation
- City of San Jose, 2016, Open Data Policy, California
- cobuilder, 2018, The 'digital twin' – a bridge between the physical and the digital world
- CV-Tricks.com, Zero to Here: Guide to Object Detection using Deep Learning: Faster R-CNN, YOLO, SSD
- Digital Transformation: The Definitive Guide (2021), Artificial Solutions
- Fisher Yu etc, 2018, BDD100K: A Diverse Driving Video Database with Scalable Annotation Tooling, arXiv
- Garrison Breckenridge, Smart Contracts for Smart Cities
- Goodfellow. Ian J, Pouget-Abadie. J, Mirza. M, Xu. Bing, Warde-

Farley. David, Ozair. Sherjil, Courville. Aaron, Bengio. Yoshua, 2014, Generative Adversarial Networks

· Helium Blockchain Alliance, 2017, Construction Operations Built Information Exchange Meets Blockchains, BIM & COBie Blockchain, cobieblockchain.com

· Julia Magas, 2018, Smart Cities and Blockchain: Four Countries Where AI and DLT Exist Hand-in Hand

· Kang,T.W., (2016), BIM perspective definition metadata for interworking facility management data, Advanced Engineering Informatics

· Kang,T.W., (2021), DTB-BMS, github.com/mac999/Projects/tree/master/DTB-BMS

· Kang,T.W., Patil,S., Kang,K., Koo,D., & Kim,J. (2020). Rule-Based Scan-to-BIM Mapping Pipeline in the Plumbing System. Applied Sciences, 10(21), 7422.

· Konstantin Lackner, 2016, Composing a melody with long-short term memory (LSTM) Recurrent Neural Networks, Institute for Data Processing Technische Universität München

· Microsoft, Spatial mapping, Holograms 230

· Mike Chino, 2015.11.6, Intel's Smart Tiny House packs futuristic technology into 264 square feet, inhabitat

· Mixed Reality, Elizabeth Robinson, 2018.2, Microsoft outlines three trends that will impact mixed reality in 2018

· Monitor Deloitte, 2015.7, Every. Thing. Connected.

· NIC, 2017.12, Data for the Public Good

· Pritil Gunjan, 2018.12, Building Information Modeling and Digital Twins Set to Revolutionize the Construction Sector

· PyImageSearch, http://www.pyimagesearch.com

· Rachel Burger, 2016.8.5, How "The Internet of Things" is Affecting the Construction Industry, the balance.com

· Redmon, J., Divvala, S., Girshick, R., & Farhadi, A. (2016). You only look once: Unified, real-time object detection. In Proceedings of the IEEE conference on computer vision and pattern recognition (pp. 779-788).

· RIBA, Microsoft, 2017.7, Microsoft HoloLens is helping architects to build better buildings, says RIBA

- Rob Verger, 2017.5, Facebook created a faster, more accurate translation system using artificial intelligence, Popular Science

- Sepp H., Jürgen S, 1997, Long short-term memory, Neural Computation. 9 (8) ,pp.1735–1780

- The Science Times, 2019.3, IoT와 AI로 디지털 트윈이 대세

- Visualive3D, 2017.5, Revit To HoloLens, www.visualive3d.com

- Wanda Lau, 2016.5.9, Timberlake Offers a New Tool for Architects Wanting an In on IoT

- whitelight group, 2014.8.18, How the Internet of Things is transforming the construction industry

- Wipro Digital, 2016.4.1, CASE STUDY: INCREASING CUSTOMER VALUE THROUGH IOT FOR JCB INDIA

- Wood, 2014, A SECURE DECENTRALISED GENERALISED TRANSACTION LEDGER

감·사·의·글

이 책은 뉴노멀 상황에서 가속화된 디지털 전환, 디지털 트윈 메타버스가 움직이는 세상, 비즈니스, 도구 그리고 그 무대뒤 모습을 그린 책입니다. 최근 들어 모든 산업 분야의 많은 영역이 디지털 데이터로 캡처, 해석되고 있습니다. 디지털 도구, 특히, IoT(Internet of Things), 비전, 인공지능, 로보틱스(robotics) 기술의 발달로 인해 실세계를 실시간으로 모니터링하고 비즈니스를 포함한 공장, 도시, 건물, 교량, 도로를 지능적으로 운영하는 일이 가능해지고 있습니다.

SNS, 인공지능, 드론, 무인자율차 같은 디지털 기반 산업이 크게 발전하면서 많은 양의 디지털 데이터가 넘쳐나고 있습니다. 디지털 데이터 획득, 처리, 분석 도구 기반 서비스 시장은 급격히 성장하고 있습니다. 디지털 전환은 이 같은 기술에 기반해 크게 발전할 것입니다.

우선, 엔지니어로서 저의 가치관 형성에 도움을 주신 고익진 이사님, 조윤호 교수님, 강호영 교수님께 특별히 감사드리고 싶습니다. 공학인으로서 가야할 길을 멘토링해 주시는 이병해 교수님, PLM 조형식 박사님, 진상윤 교수님, 이광명 교수님, 심창수 교수님, 김성아 교수님, 윤기병 교수님께도 감사드리고 싶습니다. 실무적인 내용을 자문해주신 최광선 대표님, 조형식 박사님, 김호중 소장님, 권방호 대표님, 박상민 대표님에게도 감사드립니다. 이 책을 준비하는 데 여러 지원을 해주신 오토데스크, 벤틀리, 한길아이티, 두올테크에 감사드리고 싶습니다. 바른 길을 가는 법과 가르침을 주시는 류정사님과 이상헌 회장님께도 감사드립니다. 아울러 연구원에서 여러 조언을 주신 건설연 연구실 선배님들과 동료들에게 감사합니다.

마지막으로 저의 영원한 인생 파트너인 사랑하는 아내 박성원, 호기심 많고 낙관적이고 명랑한 선우와 똑 부러지고 숙제 잘 챙기는 연수에게 사랑한다는 말을 남기고 싶습니다. 특히 제가 하는 일을 항상 지지해주시고 뒷바라지해주신 어머님, 장모님, 처제에게 고맙습니다. 감사드립니다.

뉴노멀 디지털
트랜스포메이션

초판인쇄 2022년 4월 5일
초판발행 2022년 4월 12일

지 은 이 강태욱
펴 낸 이 김성배
펴 낸 곳 도서출판 씨아이알

책임편집 이진덕
디 자 인 송성용
제작책임 김문갑

등록번호 제2-3285호
등 록 일 2001년 3월 19일
주   소 (04626) 서울특별시 중구 필동로8길 43(예장동 1-151)
전화번호 02-2275-8603(대표)
팩스번호 02-2265-9394
홈페이지 www.circom.co.kr

I S B N 979-11-6856-054-3 (93320)
정   가 20,000원